A POR TODAS
(On Fire)

7 decisiones para inspirar tu vida
de forma radical

John O'Leary

con la colaboración de Cynthia DiTiberio

A POR TODAS
(On Fire)

7 decisiones para inspirar tu vida
de forma radical

EDICIONES OBELISCO

Si este libro le ha interesado y desea que le mantengamos informado
de nuestras publicaciones, escríbanos indicándonos qué temas son de su interés
(Astrología, Autoayuda, Ciencias Ocultas, Artes Marciales, Naturismo,
Espiritualidad, Tradición…) y gustosamente le complaceremos.

Puede consultar nuestro catálogo en www.edicionesobelisco.com

Colección Espiritualidad y Vida interior
A POR TODAS
John O'Leary

1.ª edición: enero de 2018

Título original: *On fire*

Traducción: *Daniel Aldea*
Maquetación: *Compaginem S. L.*
Corrección: *Sara Moreno*
Diseño de cubierta: *Enrique Iborra*

© 2016, John O'Leary
(Reservados todos los derechos)
Publicado por acuerdo con el editor original North Star Way,
una división de Simon & Schuster, Inc.
© 2018, Ediciones Obelisco, S. L.
(Reservados los derechos para la presente edición)

Edita: Ediciones Obelisco, S. L.
Collita, 23-25. Pol. Ind. Molí de la Bastida
08191 Rubí - Barcelona - España
Tel. 93 309 85 25 - Fax 93 309 85 23
E-mail: info@edicionesobelisco.com

ISBN: 978-84-9111-292-1
Depósito Legal: B-27.559-2017

Printed in Spain

Impreso en España en los talleres gráficos de Romanyà/Valls S.A.
Verdaguer, 1 - 08786 Capellades (Barcelona)

A mi mujer, Beth.
La noche que nos conocimos tuviste la valentía de tomarme
de la mano y bailar conmigo. Desde entonces, hemos seguido
bailando juntos a través de la amistad, las citas,
el matrimonio, la paternidad y los problemas y alegrías
de la vida. Gracias por ser un apoyo constante,
eres una madre maravillosa, una esposa increíble
y mi mejor amiga.
Te quiero.

INTRODUCCIÓN:

A POR TODAS

El arma más poderosa que existe
es el alma humana en llamas.

—*Mariscal Ferdinand Foch*

Sí.

La respuesta fue corta.

Y no era la que él esperaba.

Me encontraba en Shanghái, frente a un auditorio abarrotado, después de haber contado la historia que ha marcado mi vida. Durante la hora previa había compartido con la audiencia los principales acontecimientos: el día que sufrí las terribles quemaduras siendo un niño, los meses de recuperación en el hospital y los enormes desafíos a los que tuve que enfrentarme más tarde.

Fue una experiencia devastadora, transformadora y trágica.

Y entonces un hombre del público hizo una pregunta cuya respuesta puede parecer obvia:

—John, si pudieras volver atrás en el tiempo, a aquel sábado por la mañana, regresar a aquel momento en el que agarraste el bidón de gasolina y te quemaste, ¿volverías a hacer lo mismo?

Me quedé mirándolo, reflexioné durante unos segundos y respondí con total sinceridad.

¡Sí!

El hombre me miró con una expresión de asombro.

¿De verdad elegirías haber estado a punto de morir? ¿Sufrir quemaduras en el 100 por 100 de tu cuerpo? ¿Realmente decidirías enfrentarte a una lucha desesperada por la vida, pasar cinco meses en el hospital o estar severamente incapacitado durante los ocho meses siguientes? ¿Realmente decidirías pasar el resto de tu vida con cicatrices en todo el cuerpo y los dedos amputados? ¿O convertirte en el objetivo de los susurros y las miradas disimuladas cada día de tu vida?

¡Sí!

Y te contaré el motivo.

El fuego fue devastador, casi me mata, y evidentemente desencadenó innumerables desafíos.

Pero también me convirtió en la persona que soy ahora.

De modo que, si no me hubiera quemado, ciertamente me habría librado de todas las dificultades que el fuego me provocó, pero no es menos cierto que habría destruido todos los aspectos positivos que éste trajo consigo. Debes saber que todo lo hermoso y enriquecedor que poseo actualmente se originó en la tragedia de aquellas llamas. Gracias a las dolorosas cenizas de la recuperación cuando aún era niño, me convertí en alguien con más carácter, más audaz, compasivo, leal y decidido. Me ayudó a tener una perspectiva más clara de lo realmente importante en la vida y una visión más penetrante de las posibilidades que ésta ofrece. El fuego me enseñó a no dar nada por supuesto, a agradecer cada nuevo día y a comprender que lo mejor está aún por llegar.

El fuego también hizo madurar a mi comunidad escolar, transformando al resto de los niños en compañeros serviciales deseosos de ayudar a un alumno con necesidades especiales. Más tarde condicionó las decisiones a la hora de escoger a qué instituto y universidad iría, lo que a su vez me llevó a conocer por casualidad a una hermosa mujer llamada Beth y a tener con ella cuatro hijos. Hoy en día mi vida es asombrosa; una vida radicalmente inspirada.

Una *vida radicalmente inspirada* consiste en aprender de las lecciones del pasado, comprometerse de forma activa con los milagros cotidianos y potenciar las ilimitadas posibilidades que ofrece el futuro. Evidentemente, eso no significa una existencia libre de errores y dificultades. Nada más lejos de la verdad. Sin embargo, una *vida radicalmente inspirada* significa tener la capacidad de aprender de los errores del pasado, superar los desafíos personales y progresar en la vida sean cuales sean tus circunstancias.

No llevaría una vida radicalmente inspirada si no me hubiera quemado en aquel incendio.

¿Tengo cicatrices?

Por supuesto. Me cubren todo el cuerpo.

¿Perdí los dedos?

Sí.

¿Fue una experiencia terrible para mi familia?

Sin duda.

Pero salimos adelante.

Y ya ha dejado de definirnos de una forma negativa.

De hecho, somos significativamente mejores gracias a ello.

Y no estamos solos.

En la vida todos debemos enfrentarnos a incendios; todos sufrimos quemaduras.

Todos pasamos por momentos en que todo parece ir tal y como lo habíamos planeado: nuestros hijos están sanos, los negocios van bien y los sueños se van cumpliendo. Y entonces, ¡*bum!,* se produce una explosión.

La vida cambia completamente.

Tal vez tu momento sea un diagnóstico inesperado.

La enfermedad de un hijo.

Una muerte repentina.

Una mala decisión empresarial.

Sea cual sea la causa, toda tu vida se tambalea.

Yo llamo a estos momentos *puntos de inflexión.* Un momento decisivo en el tiempo que transforma todo lo que está por llegar. En un solo instante se alteran las trayectorias vitales, las situaciones económicas y las relaciones personales.

A veces los puntos de inflexión también ofrecen escenarios positivos.

El momento en que se inicia una nueva relación, cuando recibimos una oportunidad laboral interesante o al alcanzar una nueva comprensión o perspectiva vital.

El punto de inflexión en sí tiene menos importancia que la forma en que decidimos enfrentarnos a él. En última instancia, está en nuestras manos decidir si el momento tendrá un impacto positivo o negativo en nuestras vidas.

Es una decisión que nos atañe a cada uno de nosotros.

Y estas decisiones definen cómo es nuestra vida en cada momento.

He escrito este libro para que tomes conciencia de que tenemos una vida por vivir, una oportunidad para dejar huella en los demás y un legado que transmitir. El hecho de que la historia de tu vida sea una epopeya que glorificar o una tragedia que lamentar tiene poco que ver con los acontecimientos que has vivido y mucho con la forma en que te has enfrentado a ellos. Se ha acabado el transitar por la vida como un sonámbulo; los accidentes son una cosa del pasado.

Este libro es un recordatorio de que no siempre podemos escoger el camino por el que transitamos. No obstante, siempre podemos decidir el modo de recorrerlo.

Mi intención es la de inspirarte para que asumas el poder de las decisiones cotidianas y para que valores el potencial de tus historias personales y la fuerza de tu resolución interior.

De ese modo serás capaz de responder afirmativamente a las adversidades de tu pasado, a las posibilidades que ofrece tu futuro y a aceptar los milagros de la vida cotidiana.

Y así prender tu fuego interior para vivir con plenitud.

~ ~

Entonces, ¿volverías a hacer lo mismo?

¡Sí!

A medida que avances en la lectura de este libro, entenderás el motivo y comprenderás que tú también responderías del mismo modo.

Ante ti tienes el fuego y el agua.
Alarga tu mano para alcanzar uno u otro.
La vida y la muerte se extienden ante todos nosotros.
Se nos otorgará aquello que elijamos.

—Sirac, 200 a. C.

I

¿QUIERES MORIR?

La vida no consiste en evitar la muerte,
sino en elegir vivirla con intensidad.

Las enfermeras están frenéticas.

No dejan de repetirme que todo irá bien. Que voy a recuperarme. Dicen que se quedarán conmigo y que no debo preocuparme de nada.

Entonces, ¿por qué no dejan de correr de un lado a otro?

¿Por qué parecen asustadas?

¿Por qué no dejan de manosearme, clavarme cosas y hablar en susurros?

Las observo mientras circulan a mi alrededor.

Entonces bajo la vista a mi propio cuerpo; no parece el mío.

Me miro las manos, pero no las reconozco. Observo los retales de mi sudadera verde y mis zapatillas; están adheridas a mis brazos y piernas.

El dolor es intenso.

El incendio de esta mañana lo ha cambiado todo.

Todo.

Una enfermera repite que todo irá bien, pero sé que no es verdad.

Hoy he metido la pata hasta el fondo. Hoy he quemado el garaje de mis padres.

Lo he hecho sin querer.

En realidad, ni siquiera ha sido culpa mía.

Es sólo que a principios de esta semana vi a unos chicos del vecindario mayores que yo jugando con fuego. Rociaron un poco de gasolina en el asfalto, se apartaron y uno de los chicos más mayores, de séptimo curso, lanzó una cerilla.

El charco prendió al instante.

¡Fue increíble!

Pensé que si ellos podían hacerlo y salirse con la suya, yo también podría.

Así que esta mañana, aprovechando que papá y mamá no estaban en casa, he ido al garaje. He prendido un trocito de cartón, me he acercado al bidón de gasolina de veinte litros y lo he inclinado para verter un poco de gasolina sobre el cartón.

Quería ver cómo bailaba la llama, como habían hecho los chicos mayores.

Pero el bidón rojo era demasiado grande y pesado.

De modo que he dejado el trocito de cartón en llamas en el suelo del garaje.

Me he arrodillado, he cogido el bidón con ambas manos, apoyándolo en mi pecho, y lo he inclinado sobre la llama.

He esperado a que saliera el líquido.

Pero no ha salido nada.

Lo siguiente que recuerdo es un gran estruendo. La explosión me ha lanzado contra la pared más lejana del garaje.

Me pitaban los oídos.

Me dolía el cuerpo.

Tenía la ropa empapada de gasolina.

Me estaba quemando.

¡Me estaba quemando!

Estaba mareado. El fuego me rodeaba completamente. La única forma de salir del garaje era a través de las llamas.

Sí, he recordado que nos enseñaron que debemos dejar lo que estemos haciendo, tirarnos al suelo y rodar sobre nosotros mismos.

Pero estaba muy asustado.

El dolor era insufrible.

Necesitaba que alguien me salvara.

De modo que he echado a correr.

He atravesado las llamas.

He subido corriendo los dos escalones y he abierto la puerta que da a la casa. He entrado corriendo y gritando. He corrido por toda la planta baja sin saber muy bien qué hacer. He gritado pidiendo ayuda, buscando a alguien.

Me he quedado de pie en el salón sin dejar de gritar.

Aún seguía quemándome.

Dos de mis hermanas han bajado por la escalera. Al verme, se han llevado las manos a la cara y han empezado a gritar, horrorizadas.

Entonces he visto a mi hermano mayor, Jim. Se ha abalanzado sobre mí. Ha cogido el felpudo de la entrada y ha empezado a golpearme con él, una y otra vez, sin parar. Después me ha hecho un placaje, me ha derribado, me ha envuelto en la alfombra y me ha sacado de la casa.

Ha conseguido apagar el fuego.

Pero el daño ya estaba hecho.

Unos minutos después ha llegado la ambulancia haciendo sonar la sirena por toda la calle.

He intentado correr hacia ella, pero apenas podía mover las piernas. Así que he avanzado rengueando. Desnudo. Tenía la piel y la ropa completamente chamuscadas.

Sólo esperaba que nadie me viera con aquella pinta.

He sentido mucha vergüenza. Tenía miedo. Frío.

Sólo quería entrar en el vehículo.

He subido a la ambulancia como he podido y Jim estaba justo detrás de mí, listo para acompañarme.

—Lo siento, no puedes venir –ha dicho el paramédico mientras cerraba una de las puertas.

Jim ha discutido con él, le ha explicado que somos hermanos, pero el hombre se ha limitado a decir que lo sentía mucho y ha cerrado la otra puerta.

La ambulancia se ha puesto en marcha. A través de la ventanilla trasera he visto a mi hermano y a dos de mis hermanas de pie en el jardín de entrada. Había humo a sus espaldas.

Nos hemos alejado de la casa.

Todo esto ha ocurrido esta mañana.

Ahora estoy en una sala de urgencias.

Todo ha cambiado.

Me siento desesperadamente solo.

Y entonces oigo una voz en el pasillo.

¡Mamá!

¡Por fin!

Ella siempre consigue arreglarlo todo. Sé que también puede arreglar esto.

Oigo los pasos acercándose.

Veo cómo se descorre la cortina que me protege de los ojos ajenos.

Mamá se acerca directamente hasta la cama, me coge una mano quemada entre las suyas y me acaricia suavemente la cabeza, sin rastro de pelo y en carne viva.

—Hola, cariño –me dice con una sonrisa.

Miro a mi madre. Las lágrimas que ni siquiera sabía que estaba conteniendo resbalan por mis mejillas.

—Mamá –digo con voz temblorosa y asustada–. ¿Voy a morir?

Sé que es grave y necesito desesperadamente que mi madre me reconforte. Quiero que me seque las lágrimas con la palma de su mano. Quiero que me abrace, que me consuele, que me dé esperanza y seguridad. Quiero que lo haga desaparecer todo con sus besos, como sólo ella puede hacer.

Espero la promesa de que ella se ocupará de todo. Siempre lo hace.

Siempre.

Mamá me da un ligero apretón en la mano que sostiene entre las suyas.

Me mira a los ojos.

Se detiene un instante a considerar.

Y entonces me pregunta:

—John, ¿quieres morir? Depende de ti, no de mí.

~ ~

Tres veranos antes del accidente estábamos en una piscina del vecindario.

Era una de aquellas tardes de mediados de julio en el medio oeste perfectas para nadar. Humedad alta, un calor insoportable y un sol de justicia. ¡Absolutamente perfecta!

El agua estaba atestada de niños y el recinto abarrotado de padres. Quedaban un par de semanas para que cumpliera los siete años, estaba aprendiendo a nadar y disfrutaba de mi recién estrenada independencia. ¡Exacto, los flotadores son algo del pasado!

No obstante, el exceso de confianza suele ser muy peligroso.

Hizo que me acercara demasiado a la parte más profunda de la piscina. La cabeza apenas me asomaba por encima del agua mientras avanzaba dando saltitos con la punta de los pies en el fondo. Y, de repente, resbalé como si hubiera pisado hielo. La suave pendiente dio paso repentinamente a la zona profunda de la piscina. No notaba nada bajo mis pies. Perdí el equilibrio y empecé a hundirme.

Me sumergí hasta el fondo. Ni siquiera traté de mover los brazos o las piernas. No estoy muy seguro de si en aquel momento era consciente de la inutilidad de intentarlo o si estaba convencido de que alguien acudiría en mi ayuda. Sea como fuere, me limité a quedarme sentado en el fondo de la piscina.

Mirando hacia arriba.

Esperando.

Confiando.

Suponiendo.

Sabiendo.

Entonces el agua se abrió encima de mí y una persona me agarró, me llevó hasta la superficie, me subió al borde de la piscina y me sacó del agua. Entornando los ojos por culpa del sol, levanté la vista para ver a mi salvador.

Era mi madre.

Había saltado vestida a la piscina y me había sacado del agua.

Aquel día me salvó la vida.

Después me secó, me envolvió en una toalla, me dio un polo, se quitó el reloj, que se había llenado de agua, y siguió con lo que estuviera haciendo. Aquel día me demostró, como haría en innumerables ocasiones, que siempre estaría a mi lado. Que me salvaría. Yo sólo debía alargar la mano.

De modo que el día que me quemé, mientras ella me agarraba la mano y yo le preguntaba si iba a ponerme bien, ya sabía lo que haría y las palabras que diría.

—Cariño, no pasa nada. Hoy te llevaremos a casa. Si eres valiente te compraré un batido por el camino. Ahora mismo sólo tienes que decidir si lo quieres de chocolate o de vainilla.

¡Necesitaba la promesa del batido!

Pero, en lugar de eso, lo que me dijo mi madre fue esto:

—John, ¿quieres morir? Depende de ti, no de mí.

Espera un momento. ¿QUÉ?

¡¿Desde cuándo se le pregunta eso a un niño asustado en una sala de urgencias?!

NADA O AHÓGATE

Es posible que estés pensando que mi madre es la persona más fría e insensible que ha existido jamás.

No voy a discutir eso con nadie.

Es decir, ¿quién no ofrecería un poco de amor y ánimo a su hijo que se debate entre la vida y la muerte en una cama de hospital? ¿Cómo es posible que mi madre se mostrara tan indiferente y distante? ¿No era consciente de que aquella personita sólo *quería* un poco de esperanza?

Pero, ¿qué era lo que realmente *necesitaba*?

Porque, en retrospectiva, lo que me dio era exactamente lo que necesitaba.

Recuerdo que la miré y le contesté:

—No quiero morir. Quiero vivir.

Y ella añadió:

—Entonces, John, tienes que luchar como nunca lo has hecho. Tienes que coger la mano de Dios y recorrer este camino junto a él. Seguir adelante con todas tus fuerzas. Papá y yo estaremos a tu lado en cada etapa del camino. Pero, John, escúchame bien: tienes que luchar por ello.

Tienes que *luchar* por ello.

Hasta entonces había sido el típico niño de nueve años que elude la responsabilidad y no se siente protagonista de sus acciones, y mucho menos de sus consecuencias. Recogía mi habitación porque era lo que me ordenaban hacer. Hacía los deberes porque era lo que me exigían.

20

Iba a la iglesia porque me obligaban.

Mis padres estaban al mando. Y yo acataba sus órdenes.

Ellos me daban todo lo que necesitaba y yo lo aceptaba con satisfacción.

Sentía como si… fuese un derecho que me perteneciera.

Era el cuarto hijo de unos padres que se querían y que también adoraban a sus seis hijos.

Vivía en una casa preciosa.

Tenía un padre que trabajaba y una madre que se quedaba en casa.

Vivía en un vecindario seguro.

Iba a una buena escuela.

Los domingos íbamos a la iglesia y después comíamos tortitas con arándanos y, por la noche, pollo frito en casa de la abuela.

Incluso teníamos un perro, un labrador.

Lo teníamos todo.

La vida era perfecta.

Hasta que todo cambió.

Siempre ocurre.

Cuando la vida da un giro tan radical, siempre podemos rezar y suplicar para que las cosas vuelvan a ser como eran. Nos sentimos con el derecho a recuperar nuestra realidad. Esperamos que alguien agite una varita mágica y haga que las cosas vuelvan a la normalidad, a la vida que teníamos antes.

O podemos dar un paso al frente, reconocer que debemos seguir avanzando desde una nueva realidad y asumir toda la responsabilidad y compromiso sobre nuestra vida.

Toma las riendas de tu vida, John.

Lucha por ella.

Está en tus manos.

No en las mías.

La respuesta de mi madre exigía compromiso. Deja de sentirte con derecho a algo, deja de eludir la responsabilidad. Ella me regaló la verdad.

Con la perspectiva de los años, ahora comprendo que la respuesta de mi madre fue un *punto de inflexión:* un instante en el tiempo que transforma todo lo que viene después.

En la peor de las circunstancias, en el momento más decisivo, cuando me encontraba en el umbral de la muerte, mi madre se asomó con valentía al borde del precipicio para observar a mi lado el abismo. Lo más fácil hubiera sido rendirse, dejarse ir y caer hasta el fondo.

Pero había otro camino: continuar adelante. Mi madre señaló en la dirección opuesta al precipicio, hacia una montaña de dimensiones colosales. Aunque parecía imposible de escalar, ella me aseguró que podía hacerlo. Que podía tomar la determinación de dejar tras de mí el precipicio y encaminarme lentamente hacia la cumbre de la montaña, de regreso a la vida.

Todos podemos tomar la misma decisión. Podemos optar por vivir la vida intensamente, empaparnos de ella, recibirla con los brazos abiertos, celebrarla, o podemos optar por no hacerlo. Nadie puede tomar esa decisión por nosotros.

Sólo tenemos una vida.

O elegimos vivir.

O elegimos morir.

¿QUIERES MORIR?

Según todos los pronósticos, no tendría que haber sobrevivido al incendio.

Después de haber pasado varios minutos envuelto en llamas, las quemaduras cubrían prácticamente el 100 por 100 de mi cuerpo.

El 87 por 100 eran de tercer grado. Las peores.

Las quemaduras eran profundas. Atravesaron las tres capas de la piel, el músculo y, en algunos lugares, incluso llegaron al hueso.

La piel quemada no puede volver a crecer a no ser que se realicen injertos. E, irónicamente, los injertos de piel sólo pueden extraerse del propio cuerpo del paciente. Puesto que toda mi piel se había quemado, sólo se podían obtener injertos de la zona menos dañada de mi cuerpo, el cuero cabelludo. Sin embargo, era una tarea prácticamente imposible.

Además, tenía los pulmones dañados por culpa del humo que había inhalado. Sin piel, era muy complicado controlar la temperatura corporal. Las infecciones estaban a la orden del día.

La situación era extraordinariamente delicada.

Hoy en día el índice de mortalidad de los pacientes que han sufrido quemaduras severas se calcula tomando el porcentaje del cuerpo quemado y añadiendo la edad del paciente. De modo que, en mi caso, casi tres décadas antes de la aparición de la mayor parte de los avances para el tratamiento de quemaduras, el cálculo sería el siguiente: 100 por 100 del cuerpo quemado más 9 años de edad igual a absolutamente ninguna posibilidad de supervivencia.

El fuego era una sentencia de muerte.

Cuando mi madre entró en la habitación del hospital aquella mañana no sabía nada de todo esto. Ni tampoco cómo se había iniciado exactamente el fuego, en qué consistía el tratamiento ni cuál era el siguiente paso.

Entonces desconocía los momentos de agonía que pasaría al acostarse cada noche preguntándose si su hijo seguiría vivo al día siguiente. Jamás imaginó que se pasaría la noche recorriendo los pasillos del hospital, llorando sola en oscuros rincones de las salas de espera ni soportando las largas horas de agonía de innumerables operaciones mientras la vida de su hijo pendía de un hilo.

Lo único que sabía –que sabíamos– era que la lucha había comenzado.

Antes de continuar, me siento en la obligación de revelarte un secreto y compartir contigo una buena noticia.

Aviso para navegantes: no leas la siguiente frase si quieres mantener la sorpresa hasta el final del libro.

El niño sobrevivió.

Sí, pese a los terribles momentos pasados en el hospital que acabo de describir, la peor pesadilla que pueden sufrir unos padres, este libro tiene un final feliz. Evidentemente; de no ser así, no estarías leyendo estas líneas.

Pero no fue algo accidental.

Creo en el poder de la oración. Y sé que, tanto aquella noche como cada día durante los siguientes cinco meses que pasé en el hospital, fui el centro de miles de plegarias. Pero también sé que el objetivo de la plegaria no es cambiar a Dios, sino confortar e inspirar los siguientes pasos de la persona que la ofrece.

Yo sobreviví gracias a los actos y el estímulo de las maravillosas personas que estuvieron a mi lado en cada etapa del camino y que me animaron a seguir luchando, me rogaron que siguiera creyendo y me dieron la fuerza necesaria para hacerme con las riendas de mi vida.

Y el niño cuyo destino era morir, ahora está lleno de vida.

Hace doce años que estoy felizmente casado. Mi mujer, Beth, y yo continuamos disfrutando de un matrimonio estable y de nuestros cuatro hijos, todos ellos sanos, hermosos y a menudo revoltosos. Tres chicos y una chica. Vivimos en una comunidad idílica, somos miembros activos de la parroquia y gozamos de una vida maravillosa.

Esta vida increíble es la consecuencia de una osada pregunta:

¿Quieres morir?

Una pregunta audaz que nos recuerda que todos nosotros disponemos del poder para elegir nuestro propio camino. Puede que no podamos controlar todo lo que nos ocurre, pero siempre podemos controlar la forma en que reaccionamos.

Evidentemente, mi decisión de jugar con fuego fue un punto de inflexión mayúsculo.

Siendo aún niño, tomé una sencilla decisión. Y, en un instante, mi vida, y también la de mi familia, cambió para siempre. No había vuelta atrás.

Sin embargo, ése no fue el único punto de inflexión al que tuvimos que enfrentarnos. Muchísimos otros le siguieron. Instantes en el tiempo que cambiaron todo lo que vendría después. Nuestras decisiones nos encaminan o bien a una vida de esperanza y posibilidades o bien a una dominada por el miedo y el remordimiento.

Todos tomamos este tipo de decisiones a lo largo de nuestra vida.

Confío en poder abrirte los ojos y ayudarte a ser absolutamente consciente del camino que decides tomar. Y señalarte la dirección de aquel que ofrece mayores posibilidades.

La primera decisión que debes tomar para prender la llama de una vida radicalmente inspirada es tomar las riendas de tu propia vida. Debes renunciar a la sensación de que tienes derecho a algo y darte cuenta de que el único que puede cambiar tu vida eres tú mismo.

Deja de poner excusas.

Ésta es *tu* vida.

¿Quieres morir?

¿No?

Bien.

Entonces actúa en consecuencia.

NO MÁS ACCIDENTES

Una de mis películas favoritas es *El indomable Will Hunting*. En una de las escenas más inspiradoras de la película, un joven aparentemente descarado, arrogante y sabelotodo mantiene una conversación profunda sobre su pasado con su psicólogo. Entonces, éste le dice al afligido joven:

No es culpa tuya.

No es culpa tuya.

¡No es culpa tuya!

Esta escena tan conmovedora es uno de los momentos cruciales de la película. Si todos fuéramos capaces de aceptar esa verdad liberadora, nuestras vidas se beneficiarían enormemente.

Sin embargo, el tipo de estímulo que pretendo transmitirte es otro muy distinto.

Cuando mi familia y yo rememoramos el incendio que nos cambió la vida, nos referimos a él como «el accidente de John» o simplemente «el accidente». La palabra «accidente» aparece más de una docena de veces en el libro que mis padres escribieron sobre él y que se titula *Overwhelming Odds* (Abrumadoras probabilidades).

Accidente.

Permíteme que te haga una pregunta: ¿qué crees que ocurre cuando alguien acerca una llama a un bidón de gasolina?

Exacto.

Eso no es un accidente; es una ley de la naturaleza. Es la consecuencia de sostener un objeto en combustión cerca de gases altamente inflamables. Sí, no era más que un crío.

Sí, no tenía ni idea de lo que podía suceder.

Y, sí, evidentemente no esperaba que se produjera una explosión semejante, pero llamarlo un accidente rebaja mi responsabilidad en el suceso.

Cuando mi madre me alentó diciéndome que la decisión de seguir viviendo estaba en mis manos, hizo algo de vital importancia. Me estaba desafiando a que asumiera toda la responsabilidad; no sólo por lo que había ocurrido, sino también, y lo que es aún más importante, por lo que sucedería a partir de entonces. Aquél fue un punto de inflexión. Tenía dos opciones…: asumir la responsabilidad de mi recuperación y continuar luchando o pensar que alguien me salvaría y sobrellevar la situación de forma pasiva.

Mi madre sabía que aquél era un momento decisivo, de vida o muerte, que me encontraba en el borde del precipicio. Que de no tomar las riendas, me precipitaría al vacío. Era consciente de que no podía obligarme a hacerlo. Comprendía que era yo quien debía asumir el compromiso.

Actualmente, el término compromiso no tiene muy buena prensa. ¿En qué piensas cuando lo dices? Tal vez te sugiera responsabilidades, cargas, un peso que debes soportar. Quizás lo relacionas con determinadas empresas que no respetaron sus compromisos y que destruyeron la vida de muchas personas con un encogimiento de hombros.

Por desgracia, a veces tenemos la sensación de vivir en una sociedad a la que le encanta eludir la responsabilidad y que espera que otros acudan en su rescate.

Sin embargo, el compromiso no sólo sirve para evitar accidentes en la vida, sino que también nos libera para continuar adelante de una forma consciente. Nos otorga el poder de hacernos con las riendas de nuestra propia vida.

DEJA DE ENCOGERTE DE HOMBROS

El compromiso personal es un prerrequisito para la consecución de cualquier logro valioso.

Hace unos años tuve la fortuna de ser invitado a dar una charla inspiradora sobre cómo superar los retos del mercado inmobiliario en Staubach Company, una empresa inmobiliaria fundada por Roger Staubach, exoficial de la Marina y *quarterback* de los Dallas Cowboys.' Durante los treinta años siguientes, la empresa vivió un éxito sin precedentes hasta que Roger la vendió por más de 600 millones de dólares en 2008.

Viajé hasta Dallas para impartir la charla a un grupo de ejecutivos veteranos. Cuando el taxi se detuvo frente a la sede de la compañía, la joven que había organizado el evento acudió a recibirme a la puerta. Le sonreí y conversamos mientras ella me acompañaba a la sala donde podría prepararme antes de salir al escenario.

Pese a haber investigado el historial de la empresa y hablado con diversos organizadores del evento, pensé que no estaría de más conocer la opinión de aquella mujer respecto al elemento fundamental sobre el que se sostenía el éxito continuado de la empresa.

La joven se detuvo a servirme una taza de café. Me la ofreció.

Y entonces dijo:

—Bueno, hay una historia que se ha convertido en algo así como una leyenda.

Me explicó que Roger Staubach se había hecho famoso por exigir el compromiso de todos y cada uno de sus empleados. Había aprendido la importancia del compromiso en la Marina, había presenciado su enorme valor en el terreno de juego y sabía que era esencial para crecer en los negocios y en la vida.

Me contó que alentaba a sus empleados a que dirigieran su propio negocio, que se apoyaran mutuamente y que gestionaran con responsabilidad cualquier dificultad que pudiera surgir, tanto con los clientes como con su propio equipo.

Las cosas no siempre fueron rodadas.

Un día, dos corredores de bolsa acudieron a Staubach porque eran incapaces de ponerse de acuerdo sobre a quién le correspondían los 16.000 dólares de una comisión. Cada agente creía que la comisión le pertenecía a él. Llevaban varios días atascados en la discusión y finalmente habían decidido acudir a su jefe. Levantando los brazos, exclamaron: «No podemos resolverlo. ¿Puede ayudarnos?».

Staubach les hizo algunas preguntas.

Les dio las gracias por su sinceridad.

Les preguntó si veían alguna forma de superar sus discrepancias, de ponerse en la piel del otro y alcanzar un acuerdo mutuamente satisfactorio. Ellos le respondieron que no.

Les preguntó si estarían dispuestos a compartir la comisión en vista de que ambos habían realizado un buen trabajo para asegurar el acuerdo. Le contestaron que no.

Staubach se puso de pie, estrechó la mano de ambos corredores y les dio las gracias por su trabajo y generosidad.

Según cuenta la leyenda, Staubach hizo un donativo benéfico con la totalidad de la comisión.

Su intención fue demostrar a aquellos dos corredores de bolsa que debían hacerse responsables tanto del éxito como del fracaso. Estaba en sus manos.

Aquélla fue la última vez que un empleado de la empresa acudía al jefe con una queja. A partir de entonces, los problemas se resolvieron a medida que se presentaban de forma individual.

Le di las gracias a la mujer por contarme aquella historia. Me ayudó a comprender mejor la cultura de la empresa y qué tipo de consejos de liderazgo serían más adecuados. No obstante, la historia resulta relevante más allá del mundo de los negocios.

¿Recuerdas alguna situación en la que sentiste la tentación de comportarte como los dos corredores de bolsa?

¿Alguna vez has querido encogerte de hombros, levantar las manos y buscar a alguien que te resolviera el problema? Mirar más allá de nosotros mismos, situar la responsabilidad en otras cosas o personas es una reacción natural.

A menudo echamos la culpa a cosas que están más allá de nuestro control.

Responsabilizamos a la situación: *No es culpa mía. El tráfico era horrible. El mercado apesta. El mundo es un desastre.*

Responsabilizamos a otros: *No es culpa mía. Es una persona muy difícil. Mis empleados son idiotas. Mis pacientes son pobres. La comisión es mía.*

No obstante, las excusas no llevan a ninguna parte.

Éste es mi desafío: elimina la frase «No es culpa mía» de tu vocabulario. Cada vez que te des cuenta de que está a punto de aparecer, cuando la notes en la punta de la lengua, detente. En su lugar, di: «Ésta es mi vida y yo soy el responsable de ella».

Eso lo cambia todo.

Ésta es mi vida y yo soy el responsable de ella.

Nadie va a salvarte.

Compromiso significa hacernos con las riendas de nuestra vida. Darnos cuenta de que tenemos la llave para cambiar las cosas, para resolver nuestros problemas, para mejorar nuestra vida y darle un sentido. Aunque no sólo implica acción y reparación. El compromiso también nos proporciona la capacidad para dejar que las cosas sigan su propio curso, o abandonar las que no podemos cambiar, y para perdonar a los sucesos y a las personas que nos han hecho daño en el pasado. Para ello, es necesario que dejemos de encogernos de hombros y bajar los brazos pensando que no podemos hacer nada.

La vida te ofrece cada día momentos de inflexión para que dejes de mirar más allá de ti mismo, para que dejes de esperar a que el cambio lo haga otra persona y para que dejes de esperar pasivamente a que alguien dé un paso al frente.

Éste es el momento para elegir vivir.

Para vivir realmente. Aprovéchalo.

COGE EL TENEDOR

¿Alguna vez has experimentado la alegría de haber conseguido algo?

Tal vez cuando terminaste los estudios, encontraste el primer trabajo o te casaste. Te esforzaste, luchaste, superaste dificultades y finalmente lo conseguiste. Coronaste la ardua cima… ¿y descubriste que la parte complicada del trayecto no había hecho más que empezar?

A mí me ocurrió eso cuando volví a casa después del incendio. Tenía nueve años, acababa de pasar cinco meses en el hospital, había superado innumerables operaciones y me habían amputado los dedos. Por fin terminaba la dolorosa experiencia de estar lejos de mi familia, de sufrir continuas intervenciones. La lucha había terminado; ¡que empiecen las celebraciones!

El hospital que me había admitido pese a no depositar en mi recuperación esperanza alguna me devolvía ahora de vuelta a casa. A pesar de las quemaduras, cicatrices, vendajes y la silla de ruedas, me sentía lleno de vida y agradecido.

Salimos del aparcamiento, recorrimos los escasos cinco minutos que hay hasta nuestra casa y giramos en nuestra calle. Me quedé abrumado por la cantidad de vehículos, camiones de bomberos, globos y amigos que me esperaban frente al jardín de entrada.

Bajo una marquesina se habían reunido familiares, amigos, compañeros de clase, vecinos, miembros de los servicios de emergencia y de la comunidad para darnos la bienvenida. Sonaba música y la gente gritaba.

Se había producido un milagro.

El chico estaba vivo.

Sin embargo, poco tiempo después, los amigos se marcharon a casa, los vehículos se alejaron, la puerta principal se cerró y nos quedamos solos. La familia debía decidir qué iba a ocurrir a partir de entonces.

Aquella noche mamá preparó mi plato favorito: patatas al gratén. (Si aún no te has dado cuenta, esto despejará todas tus dudas: ¡era un niño raro!). Por primera vez desde la noche anterior al incendio, nos sentamos como una familia alrededor de la mesa de la cocina en nuestra casa reconstruida.

Mamá y papá se sentaron a ambos extremos de la mesa. A un lado lo hicieron tres de mis hermanas, Laura, Cadey y Susan, y al otro, mi hermano, Jim, mi otra hermana Amy y yo. Todos nosotros habíamos pasado por dificultades inconcebibles durante los últimos meses.

Habíamos perdido la casa como consecuencia del incendio.

Mis hermanos habían perdido a sus padres debido a las continuas y largas vigilias en el hospital.

Mis hermanos y hermanas, cuyas edades iban de los dieciocho meses a los diecisiete años, habían estado separados, repartidos en casas de amigos y familiares hasta que terminó la reconstrucción de la nuestra.

Mis padres habían estado a punto de perder a un hijo.

Yo había perdido los dedos, la capacidad de andar y tenía quemaduras desde el cuello hasta la punta de los pies.

Y, a pesar de todo, allí estábamos.

Lo habíamos conseguido.

En casa.

Juntos.

Una familia.

Transformada.

Con cicatrices.

Cambiada.

Y viva.

Volvíamos a cenar juntos, a recoger la leche derramada y a pelear por colocar los codos sobre la mesa. La vida recuperaría su normalidad. Pero era indudable que se había producido un milagro. De modo que aquella noche lo celebramos.

La comida tenía un aspecto delicioso. Cerré los ojos y disfruté del aroma a queso fundido. Pero al abrirlos comprendí que… no podía comer nada. Por culpa de los vendajes, las tablillas y mi incapacidad para coger el tenedor, no podía participar en la cena de celebración. Me quedé mirando el plato sin saber qué hacer.

Mi hermana Amy se dio cuenta de mis dificultades. Amablemente, tomó mi tenedor, pinchó unas cuantas patatas y me las acercó a la boca.

Entonces se oyó una voz.

—Deja ese tenedor en la mesa, Amy. Si John tiene hambre, que coma él solo.

Volví la cabeza hacia mi madre.

¿Qué acababa de decir?

¿Que dejara el tenedor en la mesa?

¿Que comiera solo?

¿Qué demonios, mamá? ¿No he sufrido ya suficiente? ¿Lo dices en serio? ¡Tengo hambre y no puedo comer!

Aquella noche lloré en la mesa. Me enfadé con mi madre. Le dije que no podía hacerlo, que no era justo y que ya había sufrido bastante.

La noche pasó rápidamente de una atmósfera de celebración y risas a una de agitación y contención.

La fiesta había terminado.

Mamá lo había estropeado todo.

Y, pese a todo, aquella noche también significó otro punto de inflexión para un niño de nueve años. Mientras mis hermanos recogían sus platos y el hambre y la ira que sentía aumentaban, aferré el tenedor entre lo que quedaba de mis manos. Me habían amputado los dedos justo por encima de los nudillos. Como la piel todavía no estaba curada del todo, tenía las manos envueltas con una gruesa gasa. Parecía un boxeador empeñado en agarrar un tenedor con los guantes de boxeo puestos.

Era dolorosamente lento.

El tenedor no dejada de resbalar entre mis manos.

Pero finalmente logré pinchar algunas patatas, llevármelas a la boca y masticarlas.

Me quedé mirando a mi madre con cara de perro.

Estaba furioso.

Sentía un dolor intenso en las manos.

Mi madre había arruinado la noche.

La odiaba.

Pero estaba comiendo.

Con la perspectiva del tiempo, ahora me doy cuenta de que mi madre tomó una valiente decisión. Debió de resultarle extremadamente doloroso sentarse a la mesa con el resto de la familia y ver a su hijo. Para ella habría sido mucho más fácil, y aparentemente más bondadoso, ayudarme a comer aquellas malditas patatas y después sacar el pastel y el helado.

A menudo es mucho más fácil evitar tomar decisiones difíciles, o pasar a otros la responsabilidad.

Es mucho más fácil hacer una fotografía de la familia con todo el mundo sonriendo alrededor de la mesa y un niño en silla de ruedas al fondo, colgarlo en Facebook y escribir: «¡De vuelta a la normalidad! ¡Todos en casa y pasándolo en grande!».

A mamá no le preocupaba lo que los demás pudieran pensar.

Ni tampoco le interesaba hacer un reportaje fotográfico del momento.

Mi madre aprovechó aquella coyuntura para recordarme que habría personas dispuestas a darme ánimos, a ayudarme, a quererme. Sin embargo, aquélla seguía siendo mi batalla, aquélla seguía siendo mi vida. Y aunque me encontraría innumerables obstáculos en el camino, también era una oportunidad para comprender que ninguno de aquellos obstáculos era insuperable.

Aquel momento fue sólo el primero de muchos otros en los que tuve que encontrar el modo de seguir adelante. Mamá me obligó a agarrar el tenedor. Y estoy absolutamente convencido de que si no lo hubiese hecho, ahora mi vida sería completamente distinta.

El día del incendio me exhortó a que eligiera seguir viviendo.

La noche que volví a casa del hospital me dio la libertad de elegir vivir la vida intensamente.

DERECHO FRENTE A VOLUNTAD

Hasta que alguien no puede afirmar con convencimiento y honestidad «Hoy soy quien soy por las decisiones que tomé ayer», no puede decir «Elijo cambiar».

—Stephen Covey

¿Estás realmente vivo?
No. No te pregunto si respiras.
Ni si tienes pulso, existes o sobrevives.
No. Lo que quiero saber es si estás vivo de verdad.
¿Tu vida te emociona? ¿Sientes que estás presente en cada momento, grande o pequeño? ¿Eres capaz de enfrentarte a los desafíos que van apareciendo, aprovechar las oportunidades que se presentan y mostrarte satisfecho en cualquier situación?
¿Llevas una vida radicalmente inspirada?
Si no es así, ya es hora de que descubras el poder de tomar las riendas de tu vida. Con independencia de las dificultades a las que te enfrentes, la decisión depende de ti. Una decisión que puede activar dentro de ti la capacidad para dejar de lado las cosas que no puedes cambiar, luchar por las que sí puedes y celebrar cada instante de tu camino vital.
La vida no es una lucha para evitar la muerte; es una oportunidad para elegir en cada momento vivir con intensidad.
Éste es tu punto de inflexión.
Deja de decir *No es culpa mía.*
Asume la libertad de decir *Es mi vida.*
Porque ésta es tu vida. Éste es tu momento.
Y es importante.
Actúa en consecuencia.
Elige vivir.

A pesar de nuestras heridas,
podemos convertirnos en fuente de vida para los demás.

—Henri J. M. Nouwen

2

¿QUÉ ESTÁS OCULTANDO?

Deja de fingir y empieza a reconocer el milagro de tu vida.

Allá vamos otra vez.

Antes me encantaba darme un baño.

Ahora es el momento más difícil del día.

Cada mañana dos enfermeras me sacan de la cama, me ponen en una mesa con ruedas y la empujan por un largo pasillo hasta una sala apestosa y cálida con una gran bañera metálica en el centro.

Me levantan de la mesa y me sumergen lentamente en el agua.

Tengo todo el cuerpo cubierto de gruesos vendajes. Debajo de estos, gasas acolchadas. Y debajo de éstas, las llagas abiertas donde antes había piel.

El dolor es intenso allí donde el agua entra en contacto con mi cuerpo.

Me duele cada vez que intentan quitar un vendaje.

Me duele cada vez que me frotan una herida.

Y como no me queda ni un centímetro de piel... me duele todo el cuerpo.

Me dicen que es absolutamente necesario. Que es el único modo de mantenerme a salvo. Me dicen que hacen todo aquello para mantenerme con vida.

De acuerdo. Está bien. Adelante. Pero sigue sin gustarme.

Cuando terminan de lavarme, me afeitan la cabeza.

Es, con mucha diferencia, lo peor de todo.

Me aseguran que el cuero cabelludo es la única parte de mi cuerpo de la que pueden extraer injertos de piel. Eso significa que los médicos tienen que extraer una delgada capa de piel de la cabeza para implantarla en otras partes de mi cuerpo.

Las enfermeras me dicen que el cabello es sucio y grasiento y que puede favorecer el crecimiento de bacterias. De modo que tienen que afeitarme la cabeza.

Lo hacen cada día.

Aunque sólo tardan unos minutos, a mí se me hace eterno.

Afeitan la misma zona donde acaban de quitarme un maldito trozo de piel.

Finalmente, cuando han acabado de afeitarme y asearme, me sacan de la bañera. Y vuelven a tenderme sobre la fría mesa de metal.

Tengo frío. Estoy desnudo. Asustado. Y todavía no han terminado.

Después de secarme, me untan todo el cuerpo con una pomada blanca llamada Silvadene. Parece una especie de crema de helado de vainilla y se aplica como si fuera crema solar. Y quema como un demonio. Me untan con ella cada centímetro del cuerpo.

Después vuelven a envolverme como si fuera una momia. Los vendajes me cubren todo el cuerpo. Todo el proceso tarda unas dos horas.

Llevan haciéndomelo desde hace dos semanas.

Pero hoy, en esta sala, todo el dolor físico empalidece comparado con lo que acabo de ver.

Mientras observo cómo las enfermeras me quitan los vendajes y dejan al descubierto mi cuerpo, por fin puedo ver lo que se oculta bajo las gasas. Es decir, lo que hay realmente bajo las gasas.

El fuego me quemó toda la piel.

No queda ni rastro de ella.

Lo único que hay es lo que había debajo. Las manos, los brazos, el pecho, el estómago, todo mi cuerpo es una desagradable amalgama inflamada y ulcerosa.

Se me revuelve el estómago al verlo por primera vez. Finalmente comprendo que nunca volveré a ser el mismo que era antes. Jamás tendré el aspecto que tenía antes.

Entonces me doy cuenta de algo mucho peor.

Algo que me produce un dolor aún más intenso: no sólo me he quemado el cuerpo; también la cara. Debo de tener el aspecto de un monstruo lleno de enormes llagas rojas.

No tiene sentido seguir viviendo.

Mientras terminan de vendarme, no puedo decírselo a nadie. No puedo hablar porque tengo un agujero en la garganta. Se llama traqueo y es lo que me ayuda a respirar. Pero significa que no puedo hablar. No puedo usar mi voz.

De modo que empiezo a llorar.

Cuando las enfermeras me llevan de vuelta a mi habitación, mamá ve las lágrimas que descienden por mis mejillas.

—Cariño, ¿qué pasa? ¿Te hace daño? ¿Quieres más calmantes?

Niego con la cabeza. No, mamá, no es eso.

Ella no lo entiende.

Simplemente no lo entiende.

—Cariño, ¿qué pasa? ¿Cojo la tabla?

Asiento.

La tabla.

«La tabla» es una hoja de papel con el abecedario escrito en ella. De la A a la Z. Así es cómo nos comunicamos. Ella señala las letras y cuando está sobre la adecuada yo chasqueo la lengua. Entonces ella la escribe y sigue con el proceso.

A mamá no se le da muy bien la ortografía, o sea que se hace eterno.

Pero funciona. Es mi única opción.

Mamá coge el papel, lo sostiene en alto y lo señala.

—John, tómate todo el tiempo que necesites. Dime qué te pasa.

Señala la primera fila de letras.

ABCDEFGHI

JKLMNOPQR

STUVWXYZ

No.

Entonces señala la segunda fila.

Sí.

Chasqueo la lengua.

Mamá recorre las letras de la segunda fila. J... K... L... M... ¡Clic!

M.

Ella vuelve a señalar la primera fila y después las letras. A... B... C... D... E... F... G... H... I ¡Clic!

MI

Tardo una eternidad pero por fin consigo que entienda las dos primeras palabras: MI CARA.

Afortunadamente mamá entiende qué me preocupa sin necesidad de terminar la frase.

—Oh, no, John, esto es un milagro, pero tu cara está bien. No te preocupes, por favor. Tienes el mismo aspecto de siempre, sólo que con unos cuantos vendajes más.

No me lo creo.

Les he oído decir que tenía todo el cuerpo quemado. El 100 por 100. Sé que también tengo la cara quemada.

Cierro los ojos con fuerza.

Oigo cómo alguien arrastra los pies, susurros.

Finalmente, noto la presencia de mamá a mi lado.

Abro los ojos y la miro.

Sostiene un espejo entre las manos.

Quiere que observe mi rostro en él.

Vuelvo a cerrar los ojos. Los mantengo bien cerrados. Ya he visto lo suficiente para saber qué aspecto tendré.

—Tranquilo, John. Cariño, abre los ojos. A tu cara no le pasa nada. Es perfecta.

Abro los ojos, nervioso.

El espejo es pequeño, redondo y con un borde de plástico blanco; el reflejo muestra los vendajes que lo cubren prácticamente todo, enmarcando mi rostro. Un tubo de alimentación de color verde me sale por la nariz. Aunque está pelada, la nariz sigue en su sitio. Tengo los labios cortados y secos, pero también siguen en su sitio. Por lo que puedo entrever, mis mejillas están rosadas y peladas.

Las cejas y los párpados están un poco chamuscados, pero también siguen en su sitio.

Aunque no puedo ver demasiado, lo que distingo es suficiente. Mamá tiene razón: mi cara está bien. Al menos una parte de mi cuerpo, quizás la mejor parte, está bien.

Sigo estando aquí. Sigo siendo yo.

Aparto la mirada del espejo para mirar a mis padres. Papá está de pie justo al lado de mamá. Asiento e intento darles las gracias con un chasquido de la lengua.

Entonces ven algo en mi rostro que hace tiempo que no veían: una sonrisa.

~ ~

Hubo un tiempo en que mis padres no sabían si volverían a verme sonreír.

La mañana del incendio, los pocos minutos que tuvimos para estar a solas en la sala de urgencias reforzaron nuestro compromiso para seguir luchando. Después, los hicieron salir a los dos y les indicaron que debían permanecer en la sala de espera.

Mientras el personal sanitario acondicionaba una habitación permanente, me estabilizaba y preparaba mi cuerpo para el viaje que se avecinaba, mis padres esperaron con ansiedad. Los médicos les explicaron a qué nos enfrentábamos, detallando los peligros a que está sometido un paciente con el 100 por 100 del cuerpo quemado. Hablaron de la transformación que experimentaría mi cuerpo, de la pérdida de piel, de los vendajes para protegerlo de la exposición, de la severa inflamación y de las escasas posibilidades de supervivencia.

Aun así, nada de todo aquello podía prepararlos completamente para lo que vieron cuando pudieron visitarme aquella misma tarde.

En la sala de urgencias habían visto a su hijo alerta, curioso, hablador y esperanzado. Tenía los ojos muy abiertos, la voz rasposa pero clara. Una sábana ligera me cubría el cuerpo.

Pocas horas después todo era distinto.

Todo.

Tenía todo el cuerpo cubierto de vendajes; sólo era visible una pequeña parte de mi rostro. Varias máquinas monitorizaban mis constantes vitales y emitían pitidos de advertencia. El personal médico se movía de un lado a otro de la habitación intentando mantenerme con vida. Me estaban administrando líquidos a través de una sonda intravenosa puesto que mi piel y mis tejidos resecos necesitaban hidratación urgente. Como consecuencia de los líquidos, tenía todo el cuerpo completamente hinchado. La cabeza era del tamaño de un melón. Tenía los ojos tan inflamados que era incapaz de abrirlos. Me habían atado los brazos y piernas a la cama en forma de cruz para evitar que los moviera. Estaba intubado debido al daño que habían sufrido mis pulmones, y como me habían perforado la laringe para llevar más oxígeno a mis pulmones dañados por el humo, no podía hablar.

Todo esto es a lo que mis padres tuvieron que enfrentarse aquella primera tarde.

A su hijo tendido en una cama, sedado, momificado y atado.

Aquélla era nuestra nueva vida.

Escuchar las advertencias, el diagnóstico y las perspectivas era una cosa. Pero verme de aquel modo era algo completamente distinto; abrumador. Les dieron unos minutos para que pudieran darme ánimos, acariciarme la cabeza cubierta de vendajes y decirme que me querían. Poco después de dejarlos pasar, volvieron a echarlos de la habitación porque tenían que prepararme para mi primera intervención quirúrgica.

La gravedad de la situación los superó.

Mamá fue a rezar a la capilla.

Papá salió del hospital para llorar.

El futuro parecía más que desalentador.

No obstante, los vendajes que me encapsulaban completamente aquella primera tarde resultaron eficaces durante los cinco meses siguientes.

Sirvieron para evitar que mi cuerpo sufriera infecciones. Permitieron el lento crecimiento de la piel. Proporcionaron un refugio seguro durante los meses en el hospital y la posibilidad de llevar a cabo decenas de intervenciones quirúrgicas. Me protegieron del grave peligro de muerte a medida que la vida regresaba lentamente.

Incluso después de salir del hospital, los vendajes siguieron protegiendo las zonas de mi cuerpo aún dañadas, llagadas o en carne viva.

Ocho meses después de que me cubrieran totalmente con ellos, por fin me libré de los vendajes.

Las últimas heridas finalmente habían cicatrizado.

Me quitaron el último vendaje.

No tenían que volver a untarme con Silvadene.

No tenía que volver a ponerme vendajes.

No había necesidad de seguir cubriéndome.

Finalmente estaba curado y podía sentir el aire en la piel. Había llegado el momento de dejar las cicatrices al descubierto.

Sin embargo, pese a haberme deshecho de los vendajes, continuaba escondiéndome.

Cambié los vendajes que protegían las llagas abiertas por vendajes que me protegían de un doloroso pasado, un presente difícil y un futuro incierto. Cuando mi madre me enfrentó a aquel espejo, cuando vi que no le ocurría nada a mi rostro, aquél fue un punto de inflexión. Decidí que cuando saliera del hospital, en lugar de compartir con los demás el milagro de mi recuperación, lo que habría significado exponer públicamente mis heridas, fingiría que tampoco le ocurría nada al resto de mi cuerpo. Fingiría que el incendio nunca había ocurrido.

Para poder encajar y ocultar las cicatrices, me ponía manga larga y pantalones todo el año. Quería tener una piel normal, unas manos normales, una vida normal. Como los otros chicos. No me gustaba la silla de ruedas; ni el hecho de que mis tobillos apenas giraran o la rigidez de mis articulaciones. Odiaba haber perdido toda la grasa y el músculo en brazos y piernas, estar delgado como un palo.

De modo que me cubría.

Continué atado a unos vendajes autoimpuestos. No sólo el primer verano, sino durante las dos décadas siguientes.

PONERSE UNA MÁSCARA

Arrancarse pelos. Aplicar la base. Depilarse las cejas. Alargar las pestañas. Blanquear los dientes.

Dedicamos horas cada semana frente al espejo a mejorar nuestro aspecto, preparándonos para una reunión, poniéndonos guapos para una cita.

No hay nada malo en resaltar nuestra belleza natural. Sin embargo, la mayoría de las veces lo que hacemos no es resaltar lo que vemos en el espejo, sino construir una máscara que cubra lo que pensamos que el mundo en general no aceptará.

Como si fuéramos artistas de circo, nos embadurnamos de maquillaje para convertirnos en otra persona. No tenemos suficiente con un poco de pintalabios o con teñirnos el pelo; la máscara pretende cubrir a la persona que somos realmente. La máscara oculta todo aquello por lo que hemos pasado, lo que sabemos que es importante y las cosas que tememos compartir con los demás. La máscara esconde nuestras cicatrices, nuestra historia única, nuestros remordimientos y nuestros sueños. Oculta nuestra vergüenza y nuestra fragilidad.

Reprime nuestro potencial.

Encubre la mejor parte de nosotros mismos.

Enmascara el resplandor que podemos ofrecer a los demás.

Oculta la luz que podría iluminar un mundo necesitado de ella.

Censura la historia que nos hace únicos y que podría servir para conectar de una forma muy íntima con los demás.

Mi máscara afectó mi comportamiento después de salir del hospital, en la escuela, en el instituto y durante muchos años más.

Mamá y papá, por favor, no leáis los siguientes párrafos.

De acuerdo.

Ahora que no están leyendo, puedo explicarte que en la escuela y el instituto no se me daba especialmente bien ni el arte, ni la música, ni ninguna asignatura en concreto, ni tampoco los deportes. No tenía trabajo, no salía con nadie, no era especialmente devoto y no estaba muy seguro de quién era. Necesitaba llamar la atención desesperadamente.

De modo que tomé la decisión de ponerme una nueva máscara.

La máscara cubría las cicatrices, me ayudaba a conectar con los demás y me liberaba de la necesidad de sobresalir en algo. Mi máscara era la bebida.

Mi vida empezaba el fin de semana.

Y, en la universidad, el fin de semana empezaba el miércoles y se alargaba hasta el domingo.

Dado que no salía con nadie, no trabajaba, no me tomaba demasiado en serio las clases y no estaba comprometido con nada más trascendente, dediqué todos mis esfuerzos en ser el que más salía de fiesta, el que bebía más y más deprisa y el que se quedaba hasta más tarde.

No sólo me esforcé. Lo conseguí.

Era un comportamiento inmaduro. Peligroso. Estúpido.

Y también era un mecanismo de supervivencia.

Para mí, la emoción, la adicción en sí, no se debía tanto al consumo de alcohol sino a la necesidad de ser aceptado, de encajar, de llamar la atención.

De ser como los demás.

De ser amado.

SUPÉRALO

Durante la adolescencia, sentía tal necesidad de que me vieran como a cualquier otro chico normal que creía que mi valía dependía de lo que los demás pensaran de mí.

Una locura, ¿verdad?

Pues voy a decirte algo: hasta cierto punto creo que todos creemos lo mismo. Cuando crecemos, nuestros amigos y sus opiniones nos influencian enormemente.

¿No recordáis aquellas reuniones en el instituto en las que nos hablaban de la presión social? Yo sí que las recuerdo. Yo estaba sentado con mis amigos, lanzando bolitas de papel y haciéndome el machote. Haciendo exactamente todo lo contrario a lo que nos recomendaban que hiciéramos.

Todos sabemos que la presión social es algo muy real. No nos importa admitir que nosotros también sucumbimos a ella en la escuela. Recordamos cómo intentábamos descubrir quiénes éramos y en qué grupo encajábamos mejor. Por aquel entonces nos probamos todo tipo de máscaras…: la de atleta, la de gótico, la de pandillero, la del club de teatro. Ahora nos reímos al recordarlo.

Pero lo que no comprendemos es que aquélla sólo fue una fase… que nunca superamos.

Piensa en ello.

Aún seguimos intentando descubrir quiénes somos y en qué grupo encajamos mejor. Todavía ansiamos sentarnos en la mesa adecuada, recibir un aluvión de «me gusta», relacionarnos con los grupos más populares, que nos inviten a fiestas, conseguir una bonita cifra a fin de mes y que nos vean codeándonos con la gente adecuada.

Terminamos el instituto.

Pero no lo superamos.

Toda una industria se afana por mantener sobre nosotros dicha presión.

Los anuncios hacen que nos preguntemos: ¿estoy a la última? ¿Encajo? ¿Qué necesito para conseguir que los demás me acepten?

Lo sé, la industria publicitaria existe para vender cosas. Pero su trabajo, la razón de su existencia, es sembrar la semilla del descontento en todos nosotros y promocionar sus productos como la solución a nuestros problemas.

¿Por qué crees que tanta gente acumula deudas en las tarjetas de crédito? Ésa es una de las consecuencias que traen consigo todas esas máscaras.

De modo que caemos en la trampa. Y nos ponemos una máscara.

Hacemos lo que los demás quieren ver.

No tenemos miedo de quienes somos. Tenemos miedo de quienes creemos no ser.

Por tanto, nos esforzamos no por convertirnos en la mejor versión de nosotros mismos, sino en lo que pensamos que nos hará más atractivos a los ojos y opiniones de los demás.

Pero al final seguimos siendo demasiado gordos, demasiado mayores, demasiado pobres, tenemos demasiadas arrugas, estamos demasiado solos y somos demasiado frágiles. Si nos comparamos con las portadas de las revistas, las vidas idealizadas y los vecinos «perfectos», siempre saldremos perdiendo.

Siempre.

Ahora sé que fuimos creados perfectos a imagen de Dios. Con nuestros hoyuelos, espinillas, cicatrices y demás. La única comparación que importa es la que estableces con la persona que eres, que eras y que puedes llegar a ser.

Treinta años atrás, en aquella habitación de hospital, tuve mucho miedo de ver mi rostro reflejado en el espejo. Tenía miedo de que la gente me considerara diferente. *Mira, ahí va aquel chico que se quemó.* Incluso podía oír las burlas en mi cabeza.

Sin embargo, al negar lo que me había ocurrido, también estaba negándole al mundo la oportunidad de descubrir el milagro de mi recuperación, todas las cosas maravillosas que me habían sucedido y el potencial de sus propias vidas.

LA CHAQUETA ROJA

A los veintisiete años empecé a estudiar para ser capellán en un hospital.

Aunque era algo que nunca me había planteado, un día surgió la oportunidad por casualidad. Y cuando empiezo algo, normalmente no lo dejo a medias.

A pesar de una exitosa carrera como constructor inmobiliario, siempre había soñado con trabajar en un campus universitario. Me lo había pasado muy bien en la Universidad de San Luis (USL) y más de una vez me había planteado volver allí para trabajar con los estudiantes.

Una noche, mientras navegaba por Internet, vi un enlace del programa de capellanía de la USL. Pensé: «¡Genial! Trabajar con estudiantes, ayudarles a descubrir qué hacen allí, qué carrera elegir, cómo enfrentarse a la adversidad y animarlos a valorar las cosas importantes de la vida. ¡Fantástico!». Rellené el formulario de admisión aquella misma tarde, lo envié y no le di muchas más vueltas. Dos semanas después recibí una llamada en la que me dijeron que había sido aceptado en el programa.

Increíble.

Aquello iba a ser estupendo.

¡La oportunidad de cambiar vidas!

Pero no había leído la letra pequeña.

El programa consistía en la formación de capellanes hospitalarios. Cuando lo terminara, no iba a dedicarme a animar e inspirar a estudiantes, sino que el programa me enseñaría a enfrentarme y consolar a personas que estaban pasando por los momentos más terribles y oscuros de sus vidas en un hospital.

Vaya.

Nuestras fortalezas y debilidades habitualmente conforman los dos lados de una misma moneda. No soy una persona que abandone fácilmente. Lo que significa que, pese a ser consciente de que aquel programa no terminaba de encajar con mi personalidad, aunque me llevaba por un camino que ni siquiera me había planteado y pese a ser un gran compromiso que se alargaría todo un año, me negué a tirar la toalla.

Fui a todas las clases.

Hice todas las guardias nocturnas.

Entregué todos los trabajos.

Y las experiencias durante el programa, y durante los tres años que estuve sirviendo a tiempo parcial como capellán, transformaron y bendijeron mi vida. En lugar de un error, aquella etapa se convirtió en un enriquecedor proceso de crecimiento y descubrimiento.

A menudo, los errores aparentes dan lugar a la mejor de las bendiciones.

Después de visitar a un paciente en el hospital, nos reuníamos con nuestro consejero para valorar el trabajo realizado. Estas reuniones nos ayudaban a mejorar nuestro enfoque, nuestras dotes comunicativas y nuestro impacto. Me sentía enormemente honrado de que personas que estaban sufriendo, que estaban enfrentándose a una enfermedad, que sentían ansiedad o soledad o que estaban muriéndose me invitaran a sentarme con ellas para hablar; era una gran lección de humildad. No obstante, las visitas también resultaban exigentes y agotadoras.

Después de una sesión especialmente difícil con un paciente, me reuní con mi consejero, el Dr. Davis. Él me escuchó pacientemente. Se echó hacia atrás en la silla, se llevó las manos a la parte posterior de la cabeza y me hizo algunas preguntas para aclarar algunas cuestiones.

Entonces me dijo:

—John, ¿sabes cuál es tu historia?

Le miré brevemente con expresión confundida.

Yo no era el protagonista. ¡Lo importante era la persona a la que estaba tratando de ayudar!

Además, ¿no había escuchado nada de lo que le había contado durante los últimos meses? Él sabía que había crecido en la zona y que había estudiado en la USL.

Él siguió mirándome fijamente.

—En serio, John, cuéntame tu historia.

Mmm, de acuerdo, crecí aquí, en San Luis. Soy constructor inmobiliario…

El doctor Davis me interrumpió.

—No, John. ¿Sabes cuál es *tu* historia?

Me detuve, confundido por el derrotero que estaba tomando la conversación.

Vale, empezaré más atrás. Somos seis hermanos, mis padres se conocieron en el instituto y siguen casados...

Esta vez me interrumpí al ver que él se levantaba de la silla, se acercaba a un armario y empezaba a buscar algo en los archivos.

Guardé silencio y me crucé de brazos, frustrado.

Por fin encontró lo que estaba buscando y me alargó una hoja.

—Lee esto.

Cogí la hoja y empecé a leer a regañadientes.

Aunque hace ya más de diez años que la leí, jamás olvidaré la historia.

El artículo trataba sobre una niña que entraba en un aula, se quitaba la chaqueta de color rojo brillante que llevaba puesta y la dejaba caer al suelo antes de sentarse. La profesora, tras ver lo que había hecho, le pedía a la niña, que se llamaba Mary, si podía levantarse y colgar la chaqueta en el perchero.

La niña miró hacia la chaqueta, después a la profesora y dijo:

—No es mía.

La profesora le explica que no pasa nada, que no la va a castigar, pero que ha visto cómo dejaba la chaqueta en el suelo y que tiene que levantarse y colgarla en la pared.

La niña insiste:

—La chaqueta no es mía. Ya se lo he dicho, no es mía.

Un compañero de clase interviene:

—Yo he visto cómo la dejabas en el suelo. Es la chaqueta que llevas todos los días, Mary.

La niña se cruza de brazos, aporrea el suelo con los pies y contesta gritando:

—¡No es mi chaqueta! ¡Ésa no es mi chaqueta!

Cuando terminé de leer, le devolví la hoja al doctor Davis y me quedé mirándolo.

—¿Entiendes el significado de la historia?

Mmm, ¿que la niña tiene que colgar en la pared la maldita chaqueta?

El doctor Davis negó con la cabeza.

—John, todos tenemos una historia. Todos pasamos por experiencias únicas que nos convierten en quienes somos. Esas experiencias crean el don que tú, y sólo tú, puede compartir con los demás. –Hizo una pausa–. John, no sé por qué decidiste matricularte en este programa, o cuál es tu don, pero lo que sí sé es que no puedes ayudar a las personas ingresadas en un hospital a descubrir lo que es realmente importante para ellas si primero no conoces tu historia, tu experiencia y lo que es realmente importante para ti.

Aunque ya había terminado el programa de capellanía, seguía sin saber qué tenía que ver conmigo la historia de la chaqueta roja y la niña.

No soy muy rápido entendiendo las cosas.

Afortunadamente, las personas que mejor me conocían estaban a punto de poner mi chaqueta roja en un lugar donde no podría dejar de hacerme el despistado y fingir que no existía. Me gustara o no, estaban a punto de obligarme a que me la pusiera, me la abrochara, me la fijara al cuerpo con pegamento y lo anunciara a la clase y al mundo entero.

QUÍTATE LA MÁSCARA; PONTE LA CHAQUETA

Mi familia nunca volvió a hablar del incendio.

Lo padecimos, sobrevivimos a él y lo dejamos atrás. Tomamos la decisión de que el incendio no nos definiera.

Hasta que mis padres se sentaron en la primera bancada de una iglesia el 22 de noviembre de 2003.

Su hijo mayor, Jim, estaba en el altar, enfundado en un esmoquin, haciendo de padrino de su hermano pequeño, John, y mucho más atractivo que él.

Al ver a sus dos hijos juntos, a sus cuatro hijas de damas de honor y a una mujer maravillosa vestida de blanco llamada Beth que estaba a punto de convertirse en otro miembro de la familia, mis padres comprendieron algo por primera vez: el terrible incendio de años atrás no había sido el fin. La tragedia que habíamos padecido todos décadas atrás tenía un final feliz.

El fuego no le había arrebatado a su hijo pequeño la vida que tenía por delante. Al contrario, el fuego había conducido directamente a aquel momento, a aquella iglesia, a aquel altar, a aquella unión, a aquel día. La terapia, las cirugías, las amputaciones, las cicatrices y los desafíos tenían su momento culminante en una sonada celebración.

Era un milagro sobre un milagro sobre un milagro.

Si conocieras a mi mujer, también pensarías que se trata de un milagro. El niño pequeño quemado estaba bendecido. Mi mujer es sensacional. Tanto por fuera como por dentro.

Al final del servicio, mientras recorría con Beth el pasillo central, reconocí en la expresión de mis padres la gratitud hacia los médicos, la familia y los amigos que nos habían apoyado, y sobre todo gratitud a Dios, a quien debíamos atribuir no sólo el milagro de mi recuperación, sino también la increíble vida que no había hecho más que empezar. Creemos que Dios se manifiesta en todas las acciones con un propósito perfecto, que al final todo se renueva y que incluso un terrible incendio cuando eres niño da como resultado algo bueno.

A la semana siguiente, mis padres empezaron a escribir un libro sobre la experiencia que habían vivido años atrás.

Era *su* historia, la experiencia de dos padres al recibir la noticia de que *su* hijo se había quemado. La historia de los meses de angustia en las salas de espera, del apoyo de la comunidad y del maravilloso triunfo final.

Sí, era *su* historia…, pero decidieron utilizar una fotografía mía para la portada. Era una fotografía que me habían hecho poco después de salir del hospital. En ella aparece un niño con una gorra de béisbol y cicatrices enrojecidas en el rostro y el cuello; un niño con un grueso collarín alrededor del cuello, un corte en la garganta debido a la reciente traqueotomía y los brazos entablillados.

Esa fotografía siempre me había hecho pensar en todas las cosas que me hacían diferente. Me recordaba el modo en que el fuego me había desfigurado y los veinte años siguientes durante los que me había esforzado por pasar desapercibido. Era un recordatorio de los años en los que anhelé parecer, actuar y ser como el resto de los chicos. Me traía a la memoria la incapacidad para encajar y relacionarme con los demás.

Odiaba aquella fotografía.

Durante la primera etapa de redacción del libro, me mostré reticente a colaborar con mis padres. No creía que mereciera la pena contar mi historia e insistía en que dejaran el pasado atrás. Busqué los mejores argumentos para defender mi postura. ¿Quién iba a leerlo? ¿A quién iba a interesarle? ¿Sabéis cómo funciona un ordenador? Les sugerí que guardaran la historia en su corazón.

Pero escribieron el libro.

Y lo titularon *Overwhelming Odds*.

No me hicieron caso.

Idiotas.

Y como resultado de ello, me cambiaron la vida.

Imagina que te quitan la máscara que has construido tan cuidadosamente para ocultar toda tu vida. Ya sabes, esa máscara que le dice al mundo que estás bien, que todo va según lo previsto, que tus hijos son perfectos, que no tienes ningún problema, que no tienes adicciones, ni preocupaciones, ni cicatrices. Imagina que alguien te la quita con delicadeza, la deja suavemente sobre la mesa y la hace añicos con un mazo.

A partir de ese momento todo el mundo podía ver y leer quién era yo realmente, mi parte más frágil.

Me sentí expuesto.

No obstante, mientras avanzaba en la lectura, comprendí algo más.

Por primera vez me di cuenta de que yo no era el único que había resultado herido. Por primera vez descubrí todo lo que había sufrido mi familia. Mi hermano Jim sufrió heridas físicas y emocionales. A mis hermanas tuvieron que administrarles somníferos por el trauma de ver cómo ardía delante de ellas y por los meses de miedo constante ante la posibilidad de perder para siempre a su hermano. Ah, y mis padres. Mis pobres padres. Por insoportable que fuera el dolor físico que yo había padecido, la carga emocional que ellos habían tenido que soportar había sido, en muchos sentidos, mucho peor.

Imagina que también descubres que, de algún modo, tu historia provocó que toda una comunidad se pusiera en movimiento. Nuestros vecinos acogieron en sus casas a mis hermanos mientras terminaba la reconstrucción de la nuestra; la comunidad recaudó fondos, donó sangre, ofreció plegarias y preparó comida. Hasta entonces nunca me había detenido a pensar en toda la gente que trabajó junta para hacer realidad el milagro.

E imagina que, después de leer la última página de tu trágica historia, empiezas a verla de un modo distinto, con más claridad. Como si te hubieran quitado una venda de los ojos. Entonces lo entendí todo: *Oh, Dios mío…, realmente había sido un regalo.*

El fuego.

La hospitalización.

El dolor.

El miedo.

Las amputaciones.

Las cicatrices.

Todo fue un regalo.

Todo.

El incendio me ha conducido hasta la persona que soy ahora. Los desafíos determinaron las experiencias que me han moldeado, la personalidad que me define, la fe que me guía, la vida que llevo y las posibilidades que se abren ante mí.

Evidentemente, ha habido dificultades.

La vida no siempre ha sido perfecta.

Pero era mi vida.

Mi historia.

Mi chaqueta roja.

Y había llegado el momento de reclamarla.

Un apunte importante: no nos ponemos la chaqueta roja para recibir la compasión de los demás, sino para liberarnos del deseo de llevarla. Tal vez tengas que leer la historia otra vez.

No la llevamos para recordar continuamente a los demás una cruel infancia, un matrimonio horrible, un problema de salud, un trabajo insatisfactorio o una vida desperdiciada. Y sobre todo no la llevamos como una excusa para justificar por qué seguimos atrapados en el lodo. Todo lo contrario. La llevamos con orgullo para demostrar que hemos aprendido la lección, para exhibir nuestras cicatrices y para decirle al mundo que podemos hacer las cosas mejor.

Y eso nos permite asumir nuestra propia historia. Reconocer las brutales cicatrices. Después de leer el libro de mis padres, las cicatrices que llevaba ocultando veinte años se transformaron a mis ojos en medallas de honor.

Aún tenía cicatrices, por supuesto. Pero las tenía porque las heridas se habían curado.

Eran la prueba viva del milagro.

Al ocultarlas había negado a los demás la oportunidad de verlas.

De preguntar.

De conectar.

De compartir.

De crecer.

De vivir.

De brillar.

Después de leer el libro de mis padres, le di la vuelta y observé la fotografía de la portada.

La fotografía de cuando era niño, con las cicatrices y las tablillas, era la misma. Pero en aquel momento vi algo que nunca había visto hasta entonces: una esperanza desenfrenada. Vi a un niño un poco maltrecho físicamente, pero que se negaba a que lo definieran por su situación. Vi una sonrisa exultante y la alegría iluminando sus ojos. Ya no veía a un niño al final de un viaje del que había sobrevivido por los pelos, sino el comienzo de otro que estaba deseando emprender.

EL GRAN DESCUBRIMIENTO

¿Sabes qué es el Phra Phuttha Maha Suwan Patimakon?

Yo tampoco.

O, mejor dicho, no lo sabía hasta hace muy poco. Durante un viaje a Bangkok, Tailandia, para dar una conferencia, un conductor me explicó qué era, por qué es tan importante y por qué debía ir a verlo.

Al parecer, hace setecientos años se construyó una estatua de Buda de oro macizo. Con casi tres metros de altura y cinco toneladas de peso, es la estatua de oro más grande del mundo. Pese a encontrarse en el interior de un templo modesto, ha inspirado y ha sido reverenciada durante cientos de años.

Sin embargo, a mediados del siglo XVIII, ante el avance de las tropas invasoras birmanas, los monjes del templo idearon un plan para salvaguardar el preciado Buda de oro. Conscientes de que, en caso de descubrirlo, los invasores lo robarían, los monjes recubrieron la estatua con una gruesa capa de yeso e incrustaciones de vidrio de colores. La espectacular escultura fue transformada de ese modo en algo completamente ordinario.

Los monjes lograron que su auténtico valor pasara desapercibido ante los invasores, quienes jamás sospecharon lo que se ocultaba bajo el yeso.

Nunca descubrieron su belleza interior.

Y el mundo tampoco la descubrió.

¡Hasta doscientos años después!

En 1954, una estatua de grandes dimensiones, antigua, recubierta de yeso y poco impresionante debía ser trasladada a otra ubicación. La estatua había estado en el templo desde tiempos inmemoriales.

Cuando el equipo encargado del traslado la levantó del suelo, las cuerdas que la sostenían se rompieron debido al enorme peso. La estatua cayó al suelo y apareció una pequeña grieta.

El equipo distinguió a través de la grieta un brillante destello.

Quitaron un trocito más de yeso.

Y después un poco más. Lentamente, la imponente majestuosidad del Buda de oro, cuyo esplendor había permanecido oculto durante dos siglos, fue revelado.

Lo que una vez permaneció bajo un techo de hojalata con goteras en el interior de un templo prácticamente desconocido se transportó a uno de los lugares más celebrados y visitados de Bangkok. El mundo podía volver a disfrutar de un resplandor enmascarado durante largo tiempo.

Esta increíble historia revela una verdad que también podemos encontrar en cada una de nuestras historias personales. Cada una de ellas es valiosa y hermosa, y el mundo está deseando conocerla para obtener un poco de inspiración.

Ha llegado el momento de retirar la capa de yeso, quitarse la máscara, deshacerse de los vendajes y permitir que el milagro de tu vida brille intensamente.

Si quieres llevar una vida radicalmente inspirada, ahora es el momento de aceptar tu historia y celebrar el asombroso milagro de tu vida.

Aunque no conozco tu historia personal, sé que todos nos hemos quemado, nos han puesto a prueba y hemos superado adversidades. Hemos perdido familiares, hijos y amigos. Hemos tenido negocios, matrimonios y sueños fallidos. Hemos soportado trabas espirituales, físicas y económicas. Sin embargo, las cicatrices que nos han dejado todas esas experiencias, cuando aprendemos de ellas, no son señales de debilidad que debamos ocultar, sino símbolos de nuestra fuerza que debemos llevar con orgullo.

Cuando las ocultamos se vuelven oscuras e inútiles.

Cuando las mostramos se vuelven iluminadoras e inspiradoras.

DEJA DE INTERPRETAR UN PAPEL

Normalmente, empiezo mis talleres para líderes empresariales pidiéndoles que se presenten brevemente.

La gente suele decir su nombre, el nombre de la empresa, a qué se dedica y cuántos empleados tiene. Información superficial. Nada realmente profundo. Carente de auténtica conexión o verdad personal.

De modo que suelo hacer una segunda ronda de presentaciones.

No dejo que las cosas se queden en ese primer nivel. Quiero que la gente se quite la máscara. Hago algo muy sencillo que inmediatamente estimula que la conversación se haga más profunda, el tono de la sala cambie y las relaciones empiecen a consolidarse.

—Vale, vale, encantado de conoceros a todos. Ahora que sé menos sobre vosotros que antes de que os presentarais, vamos a hacerlo otra vez. Quiero que volváis a levantaros y que contéis algo más. ¿Y si todos nosotros fuéramos amigos? ¿Y si realmente compartiéramos la vida? ¿Y si la conversación fuera importante y tuviera un gran significado? Terminad esta frase: *John, si me conocieras bien, sabrías que...*

Sé que todo el mundo tiene una historia, una historia que no suelen compartir con los demás. Mi objetivo es que profundicen más, sientan más, compartan más y vivan más intensamente.

Nunca olvidaré la primera vez que hice este ejercicio e hice esta pregunta a un grupo de doce empresarios en Miami, Florida. Le pedí al caballero de mi izquierda que empezara y después seguimos la cadena.

El hombre se puso de pie, me miró y dijo: *Bajo este bonito traje y esta aparente confianza, no tengo la menor idea de cuál será mi siguiente paso en el negocio… y mucho menos qué voy a hacer con mi hijo de quince años.*

Y volvió a sentarse.

La atmósfera de la sala cambió radicalmente. Se notaba en el aire. La gente dejó de estar cruzada de brazos y abrió sus corazones. La sala se llenó de positivismo. La luz empezó a brillar.

La siguiente persona se puso de pie. *Soy hipersensible al modo en que mis hijos, amigos y empleados se tratan mutuamente debido al trato que recibí cuando era niño.*

Aquello empezaba a funcionar. La conversación había pasado de superficial a auténtica y reveladora. Uno a uno, todos los participantes compartieron algo importante con todos los demás:

Una mujer se sinceró: *Siento un vacío en mi vida porque no puedo tener hijos.*

Otra persona comentó: *Actualmente soy madre de un niño de cinco años porque hace cuatro años mi hermano y su mujer murieron en un accidente de coche.*

Un hombre joven dijo: *Soy muy divertido, pero nadie lo sabe porque también soy muy tímido.*

Y entonces le tocó el turno al último caballero. Se puso de pie, miró a todas las personas de la sala y después dijo lentamente: *Cuando tenía siete años, asesinaron a mi padre. Y tanto mi madre como yo respiramos aliviados.*

Incluso a mí me sorprendió su disposición a reconocer, no sólo frente a nosotros sino también ante sí mismo, cómo se habían sentido, él y su madre, en aquella situación.

Aquel hombre se quitó la máscara. Compartió una parte de su vida con honestidad. No estoy seguro de si alguna vez se lo había contado a alguien, pero aquel destello de sinceridad iluminó toda la sala. Henri Nouwen, uno de mis escritores favoritos, asegura: «Nos gusta establecer una diferencia entre nuestra vida privada y la pública y decir: "Lo que haga en mi vida privada no le incumbe a nadie". Pero cualquiera que intente vivir de una forma espiritual no tarda en descubrir que lo más personal es lo más universal, lo más oculto es lo más público…».

Lo más solitario es lo más comunitario.

La luz más interior es la luz que ilumina el mundo.

Los momentos de dificultad y superación son los espacios que nos conectan con el resto de la humanidad. Puede que hayamos crecido en otro barrio e ido a otra escuela. Puede que tengamos trabajos y familias distintas. Pero todos conocemos el dolor que produce la soledad; todos hemos experimentado el miedo a que nos dejen de amar.

Ésos son los espacios que nos unen. A menudo alejamos a los demás por miedo a que descubran la parte más compleja de nuestra vida. Pero es precisamente esa dimensión la que deberíamos compartir. Es lo que nos une como humanos. Seas consciente de ello o no, éste es un punto de inflexión para ti. Cada instante lo es. Ésta es tu oportunidad de comprender que, cuando estás pasando por dificultades, no estás solo.

¿Has tenido un mal día en la oficina y te sientes tan derrotado que te gustaría dejar el trabajo? Puedes seguir con la máscara puesta y sufrir en soledad. O puedes quitártela y hablar con tu pareja sobre cómo te sientes. ¿Tus hijos te sacan de tus casillas? ¿Estás a punto de perder la paciencia y ni siquiera es mediodía? Puedes pagarlo con tus hijos, sentirte frustrado y solo, o puedes llamar al vecino de al lado. Compartir con él o ella tus preocupaciones, sincerarte y establecer una conexión.

¿Sientes que están pasando demasiadas cosas, que estás llegando a tu límite y que no puedes gestionarlo? Puedes limitarte a seguir adelante, debilitado, agotado y ocultar a los demás hasta qué punto estás sufriendo. O puedes enviarle un mensaje a un amigo, compartir la carga y descubrir que él o ella se siente igual.

La vida real es la suma de todos esos momentos. Frente a una taza de café en una terraza o con la cabeza sobre la almohada al final del día. Cuando permitimos que nuestra luz interior ilumine la oscuridad de los demás. Cuando bajamos la guardia y abrimos nuestra vida y nuestro corazón. Y he descubierto que, al quitarme la máscara y dejar entrar a los demás en los rincones más recónditos de mi corazón, en lugar de levantar muros, suelen responder con estas hermosas palabras: «¿Tú también?».

Sin embargo, eso jamás ocurrirá si sigues fingiendo que tu vida es una fotografía perfecta de Instagram, si no echas abajo la fachada que impide que los demás conozcan tu auténtico yo.

Vivir la vida intensamente significa no tener miedo a descubrir y abrazar tu propia historia; al celebrar las cicatrices que has acumulado a lo largo del camino, puedes empezar a vivir la vida con honestidad.

De lo contrario nunca descubrirás el tesoro que se oculta en tu propia historia.

No conocerás el poder de tus experiencias.

No podrás aceptar la belleza de tus cicatrices.

No serás una luz para un mundo necesitado de ella.

ME ENCANTA

A veces necesitamos que otra persona nos recuerde que nuestras cicatrices son hermosas.

Una mañana, antes de ir a trabajar, me estaba afeitando en el cuarto de baño y mi hijo Jack, sentado en el retrete, me observaba atentamente. Le había dado una maquinilla de afeitar con el protector de plástico puesto y él se dedicaba a reproducir cada uno de mis movimientos. Cuando me afeitaba el lado izquierdo de la cara, él se afeitaba el izquierdo. Cuando pasé al derecho, él hizo lo mismo. Entonces se detuvo y me di cuenta de que me miraba fijamente el torso. Debes saber que, aunque tengo todo el cuerpo lleno de terribles cicatrices, en el estómago son especialmente gruesas y llamativas.

Mientras seguía afeitándome, imaginé qué estaba barruntando en su pequeña mente. Bajó del retrete, se acercó a mí y levantó la mirada. Alargó la mano, recorrió una de las cicatrices con el dedo índice y dijo:

—¿Papi?

¿Qué pasa, colega?

Me preparé para la pregunta incómoda o la conversación que estábamos a punto de tener…, empecé a valorar distintas respuestas a su pregunta…, hasta qué punto debía entrar en detalles sobre el incendio…, cuánta información sobre las quemaduras…, cómo debía contarle a sus amigos lo que le había pasado a su padre…, cómo decirle que no debía sentir vergüenza ni miedo…

—Papi, tienes la barriga roja, llena de bultos y pliegues…

Y añadió:

—¡Me *encanta!*

¿Sabes una cosa, Jack? A mí también me encanta.

NEGACIÓN FRENTE A AUTOACEPTACIÓN

Donde hay ruinas, hay perspectiva de tesoros.

—Rumi

¿Cuál es tu historia?

No me refiero a la historia que cuentas en las fiestas.
Ni la que figura en tu currículo o la que has publicado
en tu perfil público.
Ha llegado el momento de que dejes de fingir y te quites la máscara.
Es hora de que te atrevas a creer que es suficiente con ser
la persona que se oculta detrás de la cortina.
Porque es verdad.
Te desafío a que, cuando te mires en el espejo, cuando te veas
reflejado en él, tu día a día, tu vida, reconozcas abiertamente
que tanto tú como tu historia sois valiosos.
Esta vez no te protejas; asómbrate.
Nadie más que tú tiene tu historia, tus cicatrices, tu sabiduría.
Nadie.
Abrázalo todo. Acéptalo.
Aprende de ello y celébralo. No estarías aquí sin ellas.
Puede que lo que veas en el espejo esté un poco enrojecido, abultado
y deformado, pero te ha traído exactamente al lugar en el que estás
ahora… y ante las múltiples posibilidades que se abren ante ti.
De modo que arráncate las vendas. Quítate la máscara.
Mírate en el espejo. Disfruta de lo que ves.
Sonríe ante tu propio reflejo.
Y compártelo con los demás.
Elige la autoaceptación.

La fe consiste en recordar en la oscuridad
lo que hemos vivido a pleno día.

—*Richard Rhor*

3

¿ESTÁS IMPLICADO?

*Extinguir la indiferencia, prender fuego al potencial
y descubrir el poder de tener un propósito en la vida.*

Te pondrás mejor.

Mis padres no dejan de repetírmelo.

*Me dicen continuamente que pronto podrán quitarme el tubo de la
garganta y entonces podré volver a hablar.*

*Repiten una y otra vez que muy pronto estaré mejor y dejarán entrar a
más visitas, y entonces no me aburriré tanto.*

*Pero hay días en los que es muy duro estar sujeto a esta cama, incapaz
de hacer nada, sufriendo tanto dolor.*

Algunos días tengo la sensación de que nunca me pondré mejor.

Éste es uno de esos días.

*Mamá intenta animarme leyéndome una de las postales que he recibido
hoy.*

*Siempre es uno de los mejores momentos del día. Ahora recibimos una
caja llena de postales a diario. Me escribe gente de todas partes del mundo.
Es muy guay.*

Recibimos cartas de escolares y de personas mayores que suelen ir a la iglesia. No sé muy bien cómo se han enterado de lo que me pasó, pero lo cierto es que en todas partes la gente parece estar pensando en mí y rezando para que me recupere. Incluso recibimos una carta de la Casa Blanca firmada por el presidente Reagan. Y otra del Vaticano.

Aunque no hacen que el día sea un poco más fácil, ¿cuántos niños tienen su habitación empapelada con postales de ánimo? ¿Cuántos niños reciben una carta del Papa?

Mientras mamá abre el correo y me lo lee, papá se levanta.

Se acerca a la cama y me besa en la cabeza.

Me dice que vuelve enseguida y sale de la habitación.

Mamá se queda.

Sigue leyendo las postales en voz alta.

Unos minutos después la puerta de cristal corredera de mi habitación se abre.

Papá ha vuelto.

—John, ha venido alguien que tiene muchas ganas de conocerte.

Veo a un hombre con una bata amarilla de hospital, polainas amarillas, mascarilla amarilla, gorro amarillo y guantes de goma.

Mis padres siempre van vestidos así cuando están en la habitación. Los médicos y enfermeras también. Todo el mundo lo lleva para evitarme una infección.

Estoy acostumbrado a verlos entrar y salir así de la habitación.

Pero esta persona es nueva. Lo sé.

Ninguna de las prendas que lleva es de su talla.

Sólo puedo verle los ojos. Parece un corpulento ladrón vestido de amarillo.

Se acerca a la cama.

No sé quién es.

Hasta que oigo su voz.

—¿Cómo te va, pequeño Chester?

Oh, Dios mío.

Sólo hay una persona que se dirigiría a mí con ese estúpido nombre.

Mi hermano Jim me puso el mote cuando era pequeño.

Lo odiaba.

Le dije que dejara de llamarme de aquel modo.

Pero no me hizo caso.

Y le odiaba cada vez que lo utilizaba.

En cuanto me llamaba así, me peleaba con él.

Y entonces el muy idiota lo repetía una y otra vez.

Pero esta vez no me enfado al oírlo.

No quiero pelearme con él.

No quiero pegarle.

No le odio.

Quiero bajar de la cama y abrazarle. Quiero hablar y darle las gracias.

La última vez que vi a Jim fue el día del incendio.

Él intentó subir a la ambulancia para acompañarme al hospital pero no le dejaron.

El hombre de la ambulancia había cerrado la puerta de la izquierda.

Le rogué al hombre que dejara subir a Jim. Le dije que era mi hermano y que necesitaba que me acompañara. No podía ir solo.

El hombre me dijo que lo sentía. Entonces cerró la otra puerta y gritó: «Vamos». Y nos pusimos en movimiento.

Jamás me había sentido tan solo ni había tenido tanto miedo mientras miraba por la pequeña ventanilla trasera de la ambulancia, mientras un extraño me hacía preguntas, mientras veía a Jim de pie en mitad de la calle, las manos en las caderas, viendo cómo se alejaba la ambulancia.

Desde aquel día había querido decirle una cosa a Jim. Llevaba varias semanas queriéndoselo decir.

Chasqueé la lengua para indicarle a papá que quería utilizar la tabla con el alfabeto.

Papá la coge y señala la primera fila de letras y después la segunda.

ABCDEFGHI

JKLMNOPQR

STUVWXYZ

Chasqueo la lengua y entonces empieza a recorrer la segunda fila. J…K…L…M… ¡CLIC!

M

Papá lo anota en una hoja.

A continuación empieza a recorrer las filas, empezando por la primera. ¡CLIC!

A…B…C…D…E…¡CLIC!

ME

Ya teníamos la primera palabra: ME.

Aparté la mirada de la tabla para mirar a mi hermano. Aunque la máscara le cubre prácticamente toda la cara, puedo verle los ojos.

Y veo que está sonriendo.

Vuelvo a mirar hacia la tabla y, con la ayuda de papá, completo la segunda palabra: SALVASTE.

Hasta entonces no había sabido si le caía bien a Jim o no.

Nos llevábamos ocho años y a veces se comportaba conmigo como un capullo. No me dejaba estar con sus amigos, me ponía motes extraños y me hacía oler sus calcetines después de cortar el césped.

Pero tumbado en aquella cama, mirándole fijamente, pensando en lo que había hecho por mí, me di cuenta de algo más.

Le caía bien.

Mejor dicho, me quería.

Y no tuve ninguna duda de que era mi héroe.

Señalé el papel con los ojos.

ME SALVASTE.

Jim sacudió la cabeza.

—¡Qué va! Yo no te salvé. Tú eres el verdadero héroe. Tú estás haciendo el trabajo difícil. Ponte bien pronto, pequeño Chester.

NO. TÚ ME SALVASTE.

~ ~

¿En qué piensas cuándo oyes la palabra *héroe?*

Quizás te vengan a la cabeza algunos superhéroes.

¿Superman?

¿Batman?

¿Wonder Woman?

Tal vez pienses en alguien que ha salido en las noticias, como el capitán Chesley Sullenberger, que logró aterrizar la aeronave que pilotaba en el río Hudson, salvando la vida de todos los pasajeros a bordo del vuelo.

¿Qué más te sugiere esa palabra?

¿Bomberos, policías, militares?

Sí, evidentemente los héroes son personas que ponen en riesgo su vida para salvar a los demás. Personas que dan un paso al frente, actúan con valentía, dirigen desinteresadamente, incluso cuando el miedo amenaza con paralizarlos. Son aquellos que se lanzan hacia adelante cuando todo el mundo huye.

Pero la mayoría de los héroes no tienen superpoderes. La mayoría de ellos no viven en las páginas de un cómic ni en las portadas de los periódicos.

La mayoría son muy humanos, pasan desapercibidos y se parecen mucho más a Clark Kent que a Superman.

Son personas normales; como tú y como yo.

El día que me quemé, vi a uno de esos héroes en acción.

SEMPER FIDELIS

Siempre fiel.

Ése es el lema del cuerpo de Marines de EE. UU.

Tengo el gran honor de poder hablar cada trimestre en los actos que organiza la Fundación de Marines FOCUS y después compartir algunas horas con sus heroicos miembros. Desde una perspectiva profesional, para mí es el momento culminante del año. Después de cinco años de estar vinculado a la fundación, he descubierto que para los marines *Semper Fi* no es sólo un lema pegadizo, sino una forma de vida.

La fundación nació de la necesidad de disponer de un punto de encuentro y sustento para los soldados que regresaban del frente. El grupo entendía que para muchos veteranos, la batalla no termina cuando regresan a casa.

Traumatismo cerebral.

Desorden de estrés postraumático.

Culpa del superviviente.

Secuelas físicas.

Desempleo.

Adicciones.

Desesperanza.

Éstos son algunos de los desafíos a los que deben enfrentarse cientos de miles de veteranos. Cada trimestre, unos cuantos valientes soldados, hastiados de su difícil situación personal, se marchan de casa y viajan hasta Missouri para encontrarse con otros compañeros en un lugar apartado del mundo.

Allí, alejados de las preocupaciones cotidianas, rodeados por la belleza de la naturaleza, estos héroes aprenden a lidiar con su dolor, a utilizar las emociones y a crecer profesionalmente. También se dan cuenta de que, pese a que su vida militar ha terminado, aún deben ganar la batalla más importante.

En el último encuentro, le pregunté a un caballero de Alabama cuál había sido para él el aspecto más positivo de la semana. Me contestó que la sensación de volver a sentirse vivo.

¿Qué significa volver a sentirse vivo?

Y él respondió:

—Antes sabía a qué hora debía levantarme y dónde iba a desayunar. Sabía que cada día iba a ser duro, que el peligro era real, pero que mis compañeros cuidarían de mí y que yo cuidaría de ellos. Sabía lo que tenía que hacer y que nuestro trabajo era decisivo.

»Sin embargo, cuando regresé a la "vida real", a la vida después del servicio, todo eso desapareció. Dejé de preocuparme de todo y de todos. No sabía por qué estaba luchando. Casi perdí la vida. Pero esta semana la he recuperado. Vuelvo a sentirme vivo. Vuelvo a sentirme vivo. Y la sensación es… maravillosa.

Cuando eran marines en activo, a estos increíbles hombres y mujeres los impulsaba un fuerte sentido del deber. Conocían el valor de mantenerse Siempre Fieles. Era algo con lo que convivían a diario.

En cuanto regresan a casa, no obstante, algunos de ellos deben continuar luchando, pero sin los vínculos de camaradería ni un propósito emocionante. Perdido el sentido del deber, sus vidas pueden convertirse en un trayecto sin rumbo.

No hay nada como una nueva misión para recordarnos que existen cosas por las que merece la pena seguir luchando.

He visto cómo se transformaba la vida de estos valientes marines.

Y también he visto cómo cambiaba radicalmente la vida de mi hermano.

Cuando tenía diecisiete años, Jim era el típico adolescente centrado en sí mismo. Su mayor preocupación era qué coche se compraría cuando tuviera la edad suficiente, qué chica invitaría al baile de graduación o cómo conseguir de vez en cuando un paquete de seis cervezas para compartir entre sus siete amigos.

Los adolescentes tienen fama de egoístas, rebeldes y de tener una mala disposición ante todo. A menudo fingen que nos les preocupa nada. Suelen aislarse. Encerrarse en su habitación, con sus cascos, su tecnología y sus cosas.

En parte es algo comprensible. Están aprendiendo a ser independientes, a apartarse de la unidad familiar, preparándose para cuando no dispongan de una familia a la que recurrir en caso de necesidad. Pero la contrapartida es el desarrollo de una postura de indiferencia, una actitud vital indolente que se expresa a través de comentarios como: *¿Qué más da? Me da igual. ¿Y qué pasa si la habitación está desordenada? No me importa que me grites. Paso de todo eso.*

La mañana del incendio, Jim dejó de mostrarse indolente.

Tenía una misión. Su hermano pequeño se estaba quemando vivo. Estaba en una tesitura: *salvar a su hermano o verle morir.*

Lo que hizo aquel día le cambió la vida.

Y la mía.

Recuerdo con absoluta claridad el día que me quemé.

Recuerdo la explosión. La detonación que partió el bidón de gasolina por la mitad, me lanzó hasta la otra punta del garaje, rompió los cristales de las ventanas y sacudió las casas vecinas.

Recuerdo el zumbido en los oídos, las alarmas antiincendios y el crepitar del fuego, extraño y amortiguado, como cuando se consume la leña en el hogar. El sonido, crepitante y sibilante, me rodeaba completamente; estaba por todas partes.

Recuerdo que atravesé las llamas del garaje en dirección a la puerta que llevaba a la casa. Una vez en ella y aún ardiendo, crucé la cocina corriendo y después el salón y el comedor.

Me detuve en el vestíbulo, completamente envuelto en llamas.

El dolor era insufrible. Estaba aterrorizado.

Gritaba y rezaba para que alguien, fuera quien fuese, viniera a salvarme. Y recuerdo a Jim corriendo hacia mí.

El chico que me pone motes que odio. El chico que me prepara bocadillos de mantequilla de cacahuete y gelatina… y añade salsa Tabasco. El chico que no me soporta cerca. El típico hermano mayor. De modo que mientras estaba de pie en el vestíbulo quemándome vio, suplicando y rezando que apareciera un héroe, la última persona que hubiera imaginado acudiendo a mi rescate era Jim. Habría imaginado a un bombero, a mi padre, a un vecino, a un héroe, a alguien, a cualquiera que pudiera ayudarme. ¡No a Jim!

No obstante, aquél fue su punto de inflexión. Su momento. Su oportunidad de cambiar, de dar un paso al frente, de moverse ágilmente, de mostrarse valeroso y de poner en riesgo su vida para salvar la mía.

Jim pasó corriendo por mi lado mientras se cubría el rostro con una mano para protegérselo de las llamas que brotaban de mi cuerpo. Agarró la alfombrilla de la entrada y empezó a golpearme con ella en todo el cuerpo.

Cada vez que daba un golpe, las llamas saltaban, amenazando con devorarlo.

Fue demasiado doloroso, demasiado difícil, demasiado duro.

Tras varios azotes con la alfombrilla, retrocedió.

Dejó de golpearme.

Soltó la alfombrilla.

CORRER HACIA EL FUEGO

Aquella mañana Jim se enfrentó a un dilema.

Retroceder ante el fuego abrasador, dejar que me quemara y salvarse él. O correr hacia el fuego, quemarse e intentar salvarme a mí.

Jim hizo lo que haría la mayoría de la gente: retroceder.

Piénsalo fríamente. ¿Alguna vez has tocado algo muy caliente? ¿Cuál es la respuesta instintiva?

Apartas la mano.

¿Qué dices?

Auu.

En serio, ¿qué dices realmente?

De acuerdo, ya lo sabes, da igual lo que digas. Las palabras se las lleva el viento; lo importante es lo que hacemos. En la vida, importa mucho menos lo que decimos que lo que hacemos.

Cuando las cosas se ponen feas, cuando te sientes rodeado por el fuego abrasador de la vida, puedes retroceder y dejar que las cosas se destruyan.

O puedes correr hacia delante e intentar salvar las cosas importantes que el fuego amenaza con destruir, ya sea tu matrimonio, tu carrera, tu alegría o tu vida.

El elemento clave de esa decisión, el único modo de volver a meterte en la pelea, consiste en ser absolutamente consciente de por qué estás haciéndolo.

Una de mis citas favoritas sobre esta cuestión la escribió Patanjali en el siglo II a. C.:

Cuando te inspira un propósito importante,
algún proyecto extraordinario,
todos tus pensamientos destruyen los límites.
Tu mente trasciende las limitaciones,
tu conciencia se expande en todas direcciones,
y te trasladas a un mundo nuevo, sublime y maravilloso.
Se despiertan fuerzas, capacidades y talentos latentes,
y descubres que eres alguien mucho mejor
de lo que imaginabas ser.

Es una cita iluminadora. Cada palabra es hermosa, cada frase es poética y el conjunto transmite una verdad absoluta.

No obstante, es importante entender que, por muy maravillosa que sea la idea, todo la que sigue pivota alrededor de la primera frase: «Cuando te inspira un propósito importante...».

Todos deseamos para nosotros lo que dice el resto de la cita, las consecuencias positivas. Es evidente que queremos que nuestros pensamientos destruyan los límites para así poder imaginar, colaborar, producir y crear con entusiasmo. Anhelamos vivir en un mundo nuevo, sublime y maravilloso. Pero no conseguiremos nada de todo eso si antes no «nos inspira un gran propósito», si no sabemos qué nos hace estar completamente vivos. Hasta que no encontremos un objetivo, una causa, una persona por la que merezca la pena luchar, continuaremos encallados mientras decimos: *¿Qué más da?*

Ese objetivo, esa causa, esa persona.

Para vivir una vida radicalmente inspirada debes tomar la decisión de darlo todo cada día por un objetivo mayor que tú.

Tras soltar la alfombrilla, Jim observó cómo las llamas seguían envolviéndome completamente.

Alargó la mano, cogió otra vez la alfombrilla y volvió a la carga.

Me aporreó con ella intentando sofocar las llamas que bailaban por todo mi cuerpo.

Y volvió a aporrearme.

Una y otra vez.

Cuando consiguió dominarlas lo suficiente, me envolvió en la alfombrilla y me llevó al exterior de la casa. Me dejó en el suelo húmedo y nevado y se revolcó encima de mí. Hasta que consiguió apagar el fuego.

Con quemaduras de primer grado en las manos y los brazos, Jim volvió a entrar en la casa, la cual estaba completamente llena de humo, llamó al 911 y comprobó que no quedara nadie dentro.

Aquella mañana se convirtió en una persona mucho más importante de lo que nunca había imaginado llegar a ser.

Me salvó la vida.

Se convirtió en un héroe.

NUNCA TE RINDAS

Jim no fue el único.

Mientras él desaparecía en la casa ardiente para llamar al 911, dos de mis hermanas, Amy, de once años, y Susan, de ocho, salieron corriendo de ella. La explosión las había despertado de golpe. Tras salir a toda prisa de su habitación y bajar la escalera, se encontraron con su hermano, envuelto en llamas y gritando. Habían presenciado la escena en la que Jim me golpeaba furiosamente con la alfombrilla intentando sofocar las llamas. Cuando Jim me sacó de la casa, ellas le siguieron. Y me vieron en el jardín delantero, hecho un ovillo, con la ropa y la piel chamuscadas.

¿En serio acabas de leer esto y vas a pasar a la siguiente frase?

Vuelve a leerlo.

Trata de ponerte en su piel: imagina que te despierta una tremenda explosión en tu casa; las ventanas se han hecho añicos y las alarmas aúllan. Imagina mirar hacia el piso de abajo y ver a tu hermano ardiendo como una antorcha humana delante de ti. Imagina que te esfuerzas por respirar mientras tratas de alcanzar la puerta a través de una casa llena de humo. Imagina salir corriendo de la casa, descalzo, con el pijama, y quedarte de pie sobre la nieve. E imagina ver a tu hermano, con el que jugaste el día anterior y con quien te peleaste la noche anterior, a unos metros de ti completamente quemado, hecho un ovillo y aullando de dolor.

¿Qué habrías hecho tú?

¿Cómo habrías reaccionado?

No sé qué habrías hecho tú, pero yo habría salido corriendo en la otra dirección.

Ése era yo.

Sé que yo habría estado demasiado asustado y que habría huido del problema. O habría ido a buscar ayuda. Es lo que solía hacer de pequeño. Para ser sincero, incluso actualmente hay ocasiones en las que sigo enfrentándome a los problemas del mismo modo.

¿No lo hacemos todos?

Emprender la retirada. Ésa es una de las maneras de enfrentarse a los desafíos de la vida.

Pero hay otra manera mejor.

El camino alternativo consiste en afrontarlos, dominarlos, dar un paso adelante, servir. Afortunadamente para mí, aquella mañana Amy escogió ese camino.

Inmediatamente se acercó a mí, me rodeó con sus brazos, me abrazó y me dijo: «Todo saldrá bien, John. Todo saldrá bien. Ten fe y lucha».

He de reconocer que aquello no era lo que esperaba de ella.

No es algo que nadie espere de una niña de once años.

Estoy convencido de que aquella mañana sus palabras estuvieron inspiradas por lo divino y sus acciones demostraron una osada valentía.

Sin embargo, yo no estaba preparado para ninguna de las dos cosas. No la creí.

Al oírlas, aparté la mirada.

Y al hacerlo, me vi las manos.

Tenía los dedos apretados formando un puño. La piel, roja y de aspecto monstruoso. No podía mover los dedos. La piel de los brazos estaba pelada y tenía una tonalidad que iba del rojo brillante al negro betún. La ropa se había adherido a mi piel. Mientras ella me abrazaba, noté cómo mi cuerpo se retorcía y tensaba lentamente. *No iba a ponerme bien.*

Entonces levanté la mirada y vi la casa de mi infancia. La hermosa casa de dos pisos que contenía prácticamente todos los recuerdos de mi vida. Los desayunos familiares, las comidas de Acción de Gracias, las mañanas de Navidad, las fiestas de cumpleaños, las cenas en familia y las discusiones que solían producirse cuando me mandaban a la cama. Aquella casa era toda mi vida. La adoraba.

Las llamas brotaban con furia del techo del garaje; el humo salía por las ventanas y la puerta principal. Yo había provocado el incendio; yo había alimentado el humo.

No pude soportarlo.

Entre la angustia provocada por el hecho de haber decepcionado a mi familia y el dolor físico provocado por las quemaduras, tuve que apartar la mirada de la casa. Miré a Amy y, llorando, le grité:

—Amy, necesito que me hagas un favor. Entra en casa. No me importa que se esté quemando. Ve a la cocina, coge un cuchillo, vuelve aquí y mátame. ¡Por favor, Amy, mátame!

Debes saber que incluso escribir estas palabras me resulta difícil.

Me encanta cómo es mi vida ahora mismo. Disfruto de todos y cada uno de los días. Soy la persona más afortunada y dichosa que existe.

Pero en aquel momento, sumido en la desesperación, la situación me superó. No sé muy bien si deseaba morir, pero sí estoy seguro de que no sabía si quería seguir viviendo. Era incapaz de ver una salida. No creía que hubiese esperanza.

No es necesario pasar por una experiencia tan dramática como la mía para sentirse completamente sumido en la desesperación. Todo el mundo ha vivido crisis de pareja, decepciones con amigos, problemas de salud o dificultades económicas. Todos hemos visto cómo el fuego consumía aquello que considerábamos más valioso en nuestra vida.

Sabes que la vida es difícil.

Tú también lo has experimentado.

Sabes que en la vida hay altos y bajos; muchos momentos de incertidumbre y de moverse entre dos aguas.

También sabes que los momentos dolorosos pueden servir para impulsarte hacia delante o para derribarte. Son puntos de inflexión que definen tu vida.

Y sabes que, en esos momentos, es fundamental contar con alguien dispuesto a estar a tu lado, a impedir que te rindas, a decirte la verdad.

En mi caso esa persona fue Amy.

Al oírme decir que quería morir, me abrazó aún con mayor intensidad. Entonces me gritó algo que te invito a gritarme cuando nos conozcamos:

—John, cállate. ¿Qué te pasa? Escúchame, todo irá bien. Ten fe y lucha.

Un consejo formidable.

Aunque difícil de seguir.

RESISTIENDO

Cuando se presentan dificultades, es posible que sintamos la tentación de rendirnos.

No obstante, hay un secreto que me ha ayudado a superar muchos días, semanas y años difíciles:

Cuando tienes un objetivo, puedes soportar cualquier contrariedad.

Me gustaría decir que soy el autor de la frase anterior, pero no es así. Déjame que te hable de la persona que me la descubrió.

Durante la Segunda Guerra Mundial, Viktor Frankl pasó varios años de cautiverio a manos de los nazis. Concretamente, fue prisionero de cuatro campos de concentración bajo condiciones deplorables e inhumanas. En tres años perdió a todos sus seres queridos. A todos.

Frankl perdió a sus padres, a su hermano y a su mujer, que estaba embarazada.

Perdió a vecinos y amigos.

Pasó hambre, recibió golpes y humillaciones.

Experimentó un sufrimiento que no podemos ni imaginar.

Aun así, cuando fue liberado, continuó su labor como psicólogo, ayudando a otros a encontrar el sentido de sus vidas. También escribió un libro sobre cómo encontrar sentido y propósito en mitad de semejante sufrimiento, *El hombre en busca del sentido último*. ¿Sabías que en un principio el libro se tituló *A pesar de todo di sí a la vida: las experiencias de un psicólogo en los campos de concentración?* Aunque me encanta el título definitivo, el original daba en la diana.

El libro revolucionó la psicología, arrojando nueva luz sobre una tragedia que muchos se negaban a tratar. Me causó un gran impacto cuando lo leí en la universidad, y continúa provocándomelo cada vez que lo releo.

Y la frase de más arriba, *Cuando tienes un objetivo, puedes soportar cualquier contrariedad,* le permitió a Viktor Frankl resistir las insufribles condiciones, el hambre, los abusos sufridos a manos de los nazis, la muerte de sus amigos y el terror a despertar cada mañana a la misma pesadilla.

La mañana que fue capturado por los nazis, Frankl llevaba en el bolsillo el manuscrito del libro en el que había estado trabajando. Cuando llegó al campo de concentración, le quitaron toda la ropa… y el preciado manuscrito.

Frankl supo que jamás recuperaría todo el trabajo que tanto esfuerzo le había costado. Que lo más probable era que se hubiera convertido en cenizas poco después de que se lo arrebataran.

Sin embargo, estaba decidido a reconstruir el libro. Durante los años de cautiverio, escribió en cualquier trozo de papel que caía en sus manos. Compuso secciones enteras en su cabeza. El libro, la escritura, se convirtió en su objetivo. Y le ayudó a resistir, a luchar por conservar la vida. Es sorprendente que sobreviviera. Y cuando fue liberado, habría sido comprensible que se negara a seguir viviendo. Había sido testigo de la parte más oscura del ser humano. El mal absoluto. La crueldad inimaginable.

Y, sin embargo, decidió darle otra oportunidad a la vida. Encontrarle un sentido, un modo de superar el pasado y seguir adelante. Tener fe y luchar. Dedicamos la mayor parte de nuestros esfuerzos y nuestra vida a ofuscarnos con los medios. Los medios son las tareas, los deberes, las obligaciones, las cosas de la vida.

Los medios son los vehículos compartidos, las obligaciones sociales y los turnos de trabajo. Pagar los impuestos, las facturas o permitirnos el postre de nuestros sueños. Es la estrategia, el mapa de carreteras, la planificación. Es una lista de tareas.

Y es algo que siempre está ahí.

Siempre agotándote.

Y la mayoría de las veces no recordamos por qué lo estamos haciendo. Olvidamos por qué trabajamos, por qué tenemos hijos, por qué ayudamos a los demás, por qué amamos, por qué corremos riesgos. Incluso olvidamos por qué nos esforzamos por seguir vivos. Parece como si la vida sólo tuviera una dimensión, la mundana, como si sólo existieran las tareas que debemos cumplir.

No obstante, vivir la vida con intensidad no tiene nada que ver con los medios.

Aunque tengamos que realizar ciertas tareas, alcanzar ciertos objetivos, cuando vivimos impulsados por un objetivo, las tareas, las ocupaciones se transforman. Cuando eres capaz de ver el fin ante tus ojos, recordándote cuál es tu propósito, todo se transforma.

Cuando tienes un objetivo, puedes superar cualquier adversidad.

Simple y poderosa, la frase de Frankl nos recuerda la necesidad de encontrar un propósito que nos impulse.

Puesto que el objetivo nos carga de una energía a la que podemos recurrir en los momentos difíciles.

Nuestro propósito es la luz que nos permite seguir adelante incluso en el túnel más oscuro.

Nos permite sujetarnos con fuerza, incluso cuando quema, cuando es difícil, cuando el dolor es insufrible.

Mis hermanos me lo enseñaron el día del incendio. Cuando la ambulancia desapareció por la calle, los vecinos los acogieron en sus casas y por la tarde los llevaron al hospital para que se reunieran con nuestros padres.

El personal del hospital acompañó a Amy y mis otros hermanos por el laberinto de pasillos. Tomaron el ascensor hasta la cuarta planta. Al salir de él, justo delante de ellos, vieron la sala de espera llena de amigos y familiares, reunidos para apoyar, llorar y rezar con mis padres.

Amy buscó la habitación, encontró a mi padre y corrió hacia él.

Se abrazaron.

Amy no podía dejar de llorar.

Mi padre la sostuvo entre sus brazos.

Amy le contó entre sollozos y susurros lo que había presenciado por la mañana. Le habló de la explosión, de cómo me había visto en el vestíbulo, de las llamas que me consumían, cómo había salido de la casa, del frío y el miedo que había pasado, pero también le dijo que había sabido que la necesitaba y que por eso me había abrazado.

—Papi, esta mañana John parecía que iba a convertirse en cenizas. Estaba tan caliente que creía que me iba a quemar los brazos bajo el pijama. Pero, papi, no le he soltado. No le he soltado en ningún momento.

En un momento crítico, cuando yo deseaba morir, Amy no me soltó.

Resistió la tentación de huir.

No se rindió.

Amy sabía por qué estaba sufriendo tanto dolor. Sabía que no era nada comparado con lo que debía de estar pasando yo. Y sabía que si un abrazo me ayudaba, aunque sólo fuera un poco, el dolor que debía soportar valía la pena.

Cuando tienes un objetivo, puedes superar cualquier adversidad.

Ella sabía por qué lo hacía. Y nosotros también debemos saberlo.

Pero es importante tener presente que nuestro mayor impacto no se producirá en los momentos cruciales de la vida. Es muy difícil que nos convirtamos en héroes en los trágicos incendios de la vida. Lo más probable es que debamos recurrir a nuestro propósito en la aparentemente rutinaria vida cotidiana.

UNA ENORME RESPONSABILIDAD

Durante los cinco meses que estuve en el hospital no salí de la unidad de quemados.

En la cuarta planta.

Habitación 404.

Con una estupenda vista del aparcamiento.

Como suele ser habitual en todos los hospitales, todas las mañanas los médicos realizaban visitas acompañados de los residentes y algunos miembros del personal sanitario. Mi médico especialista en quemaduras, el doctor Ayvazian, guiaba a un grupo enfundado en batas blancas hasta mi habitación, les comentaba aspectos del tratamiento y hacía unas cuantas preguntas. Como a mí no me gustaba toda aquella atención, normalmente fingía estar dormido.

Entre tú y yo, es algo que sigo haciendo cuando mi mujer me hace preguntas delicadas por la noche; se trata de una especie de mecanismo de defensa.

¿Cuándo piensas cambiar la bombilla de la entrada?

Zzzzzz… zzzzzzz.

¿En Navidad vamos a casa de tu madre o de la mía?

Zzzzzz… zzzzzzz.

¿Me queda mejor el pelo ahora o antes de cortármelo?

Zzzzzz… zzzzzzz.

Volviendo al tema, en una de esas visitas con los miembros del personal sanitario, el médico le pidió a uno de los hombres que se acercara.

Era Lavelle.

Uno de los miembros del personal de limpieza.

Lavelle llegaba a primera hora de la mañana, ponía la radio y empezaba a limpiar la habitación. En aquel entonces me daba igual si la habitación estaba limpia o no. Lo único que me importaba era que Lavelle molaba. Y que tenía un gran gusto musical.

Aquel día en particular, el doctor Ayvazian le pidió a Lavelle que se acercara a la cama, le miró a los ojos y le dijo: «Mira a este niño. ¿Lo ves tendido en la cama? Lavelle, tú lo mantienes con vida. Lo estás haciendo tú. Éste es el resultado de tu trabajo. Gracias».

En aquel momento no entendí a qué podía estar refiriéndose el médico. No sabía que el mayor peligro de los pacientes ingresados en unidades de quemados son las infecciones. En los hospitales las infecciones son mortales. Y dado que yo no tenía piel, existían muchas posibilidades de que muriera de una infección. Por eso mis padres y hermanos tenían que cubrirse de pies a cabeza con todas aquellas prendas amarillas. Su función era evitar que los gérmenes me atacaran.

Mientras los médicos hacían todo lo que podían para evitar las infecciones, la persona más importante para reducir la probabilidad de contraer una infección no era un médico ni una enfermera.

Ni mis padres o hermanos.

Era el hombre de la limpieza.

Una habitación limpia era una habitación segura.

Mi médico lo sabía. Más aún, conocía la importancia de tener un propósito. Aunque Lavelle tenía que limpiar muchas habitaciones, el médico lo llevaba con él en las rondas para poder recordarle algo importante.

A menudo estamos demasiado ofuscados con las tareas cotidianas, con la monotonía. Y entonces solemos olvidar la importancia de nuestro esfuerzo en el diseño superior de las cosas. Cada trabajo que realizamos, cada tarea que nos asignan, cada responsabilidad que asumimos es importante.

¿Estás de acuerdo?

¿Crees que tu trabajo es importante?

¿Que la responsabilidad de cuidar a tus hijos es importante?

¿Que es importante amar a tu pareja?

¿Que es importante el modo en que tratas a un desconocido en la calle?

Todo lo que hacemos es importante.

Nuestra vida es sagrada.

No hay actores secundarios.

No hay tareas insignificantes.

Mi equipo médico era excepcional. Estaba dirigido por uno de los especialistas más reconocidos del mundo. Las enfermeras, los terapeutas respiratorios, farmacólogos, dietistas, técnicos, todo el equipo hizo un trabajo impecable. Me visitaban voluntarios, la comunidad rezaba por mí.

Sin embargo, uno de los principales motivos por los que sobreviví fue porque un miembro del equipo de limpieza cumplía con su deber inspirado por un propósito. Su motivación no era el sueldo a fin de mes, sino la vida de un niño.

Todo lo demás no habría servido de nada si un hombre, una persona, una persona corriente, hubiera decidido que su trabajo no era importante.

La indiferencia mata.

Mata a pacientes. Relaciones. Comunidades.

Por el contrario, tener un propósito insufla vida a las personas que te rodean, a nuestras relaciones y a nuestra propia existencia.

DECLARACIÓN DE INICIO

¿Tienes hijos?

¿No?

De acuerdo. ¿Alguna vez has pasado unas horas con niños?

Bien.

Recuerda cómo eran cuando tenían tres años.

Pensándolo mejor, rememora cualquier instante entre el momento en que empezaron a hablar y la edad que tengan ahora. ¿Cuál era su pregunta favorita?

«¿Por qué?».

Todos los niños responden con un «¿Por qué?» inquisitivo cuando les pedimos que se vayan a la cama, que se coman la verdura o que se pongan el abrigo. Al principio nos hace gracia, pero pronto nos cansamos de responder cada una de sus preguntas, especialmente las más complicadas, las que no sabemos muy bien cómo responder. *Papi, ¿de dónde vienen los niños?*

No obstante, los niños conocen la verdad de forma intuitiva.

Cuando comprendemos el propósito de algo, podemos avanzar con mayor seguridad, dejando de lado inquietantes pensamientos como: *¿Merece la pena?* o *Esto es muy difícil, mejor lo dejo estar.* Conocer nuestro propósito en la vida, nos permite estar centrados, atentos y avanzar.

Por tanto, ¿cómo conseguimos volver a emocionarnos con la vida cuando los días se nos hacen largos, nos cuesta seguir adelante y rendirnos parece la solución más fácil? ¿Dejar de preocuparnos por las cosas y permitir que la indiferencia domine nuestra vida?

Debes encontrar el modo de visualizar en todo momento tu propósito. Hace algunos años inventé un recordatorio constante para mantener la motivación todos los días, independientemente de lo que estuviera haciendo.

La llamo mi *declaración de inicio*.

Al igual que la declaración de objetivos que utilizan muchas compañías, una declaración de inicio nos ayuda a establecer la motivación por la que estamos haciendo algo, tanto en los buenos como en los malos tiempos. La declaración nos ilumina y nos recuerda nuestro propósito en la vida.

Verás, tu propósito es como el combustible para los vehículos. Te permite seguir adelante. En cuanto empieza a agotarse, sabes que dentro de muy poco te quedarás sin gasolina. Una declaración de arranque nos ayuda a recordar continuamente por qué estamos haciendo algo, ya sea en casa, en el trabajo o en nuestra comunidad. Mantiene el depósito lleno en todo momento.

Debido a mi trabajo, estoy fuera de casa más de cien días al año, aporto mi experiencia a equipos directivos para que hagan mejor su trabajo, me esfuerzo por lograr influir en las vidas de los demás, y al mismo tiempo me gustaría estar en casa, ser el mejor marido, padre e hijo posible. Esto puede crear una enorme tensión. Mi declaración de inicio alivia gran parte de dicha tensión manteniendo mi energía cuando estoy de viaje, en casa o en cualquier lugar intermedio. Me ayuda a responder a la pregunta: ¿por qué he de dar lo mejor de mí y hacer todo lo que esté en mi mano en cualquier situación?

Para mí es muy fácil. Tardé varios años en refinar mi declaración de inicio, pero ahora brota espontáneamente y permea todas mis acciones: *porque Dios me lo exige, mi familia lo merece y el mundo lo necesita.*

Me ilumina cuando paso por la seguridad en los aeropuertos, cuando saludo a los taxistas al llegar a una nueva ciudad, cuando hablo ante el público, cuando charlo con el personal de los hoteles, cuando vuelvo a toda prisa al aeropuerto, cuando me comporto con corrección con los auxiliares de vuelo y los otros pasajeros y, sobre todo, cuando estoy con mi hermosa mujer y mis hijos.

John, ¿alguna vez estás cansado?

Sí.

¿Hay días en los que el dolor físico te abruma?

Desde luego.

¿Hay días en los que no estás de humor?

Muchísimos.

Entonces, ¿cómo sigues adelante?

Muy fácil.

Porque Dios me lo exige, mi familia lo merece y el mundo lo necesita.

Sólo con pensar en eso, noto la energía fluyendo dentro de mí.

Déjame que te haga una pregunta: ¿por qué estás aquí? ¿Por qué quieres prosperar en la vida? ¿Por qué quieres dar lo mejor de ti y hacer todo lo que esté en tu mano en cualquier situación?

Respondiendo a estas preguntas empezarás a construir tu propia declaración de inicio. La declaración debería empezar con un *porque*.

Porque me importa.

Porque este trabajo es importante.

Porque mis hijos me necesitan.

Porque la quiero y tengo que demostrárselo cada día.

Porque estoy sano y vivo y quiero hacer sonreír a alguien, incluso si es sólo a Dios.

Porque merece la pena.

Porque la vida es hermosa.

Déjame ser muy claro en esto. La declaración de inicio, la pasión que libera y el propósito que alimenta, debe informar e inspirar cada uno de tus actos. Tu objetivo no puede ser hacer de misionero de vez en cuando o unas lujosas vacaciones con tu familia. Ni centrarse en la jubilación para dentro de treinta años o el pase de temporada de tu equipo de fútbol. Lo que pretendo que consigas es la energía que mantiene a raya la indiferencia mientras avanzas con un propósito en tu vida cotidiana.

Los grandes viajes son importantes. Planificar el futuro está genial. Pero la vida real es aquello que ocurre mientras cambias pañales y te compras un coche, entre hojas de cálculo y calendarios saturados, entre las horas de atascos y la tranquilidad de una noche en casa. Resulta que lo mundano es lo más sagrado.

La declaración de inicio nos recuerda que debemos actuar en consecuencia.

IMPLICARSE AL MÁXIMO

El 11 de septiembre de 2001 el mundo cambió.

Si estabas vivo por entonces, recordarás dónde estabas y qué hacías cuando los aviones se estrellaron contra las Torres Gemelas, el Pentágono y el campo de Shanksville, Pennsylvania.

Yo estaba trabajando a pocos kilómetros de la casa de mis padres, de modo que me dirigí a toda prisa hacia allí para estar con ellos. Mamá y yo nos quedamos sentados en el sofá, completamente mudos, mientras el humo se elevaba de los edificios.

Vimos cómo un batallón tras otro de valientes, jóvenes y enérgicos bomberos se enfundaban las chaquetas, agarraban su equipo y se dirigían hacia las Torres Gemelas.

Mientras todas las personas que se encontraban en las torres hacían todo lo posible por salir del edificio, huir, dejar atrás el peligro, salvarse, ese puñado de héroes eligieron encaminarse directamente hacia él.

Su motivación no era llegar a ser héroes. Aquella mañana no se levantaron deseando convertirse en mártires. Todo lo contrario. Les impulsaba el amor, el deber, la esperanza, la misión, cada uno de sus *propósitos* personales.

Actuaron de forma altruista y salvaron vidas entregando las suyas a cambio.

Vivieron dándolo todo.

Para ser un auténtico héroe debes arriesgarlo todo.

¿Por qué estás dispuesto a darlo todo en tu vida? ¿Por qué cosas estarías dispuesto a sacrificarlo todo: el estatus, la salud, las amistades, la seguridad, incluso tu propia vida?

Aquellos que viven de forma apasionada, con un propósito, ya conocen la respuesta.

Se han convertido en héroes porque saben cuál es su propósito.

Algunos ejemplos, que han aparecido en este capítulo, son mi hermano, mi hermana, Lavelle, los bomberos y los miembros de las Fuerzas Armadas. Quiero presentarte a otro héroe, otra persona que corrió hacia las llamas cuando todo el mundo huía de ellas.

El día que me quemé, un pequeño héroe dio un paso al frente y me salvó la vida.

Mientras las llamas seguían devorando nuestra casa, mi hermana Amy no dejó de abrazarme y darme ánimos. Mientras ella me aseguraba que todo iría bien, que las cosas mejorarían, yo volví a pedirle: *Ve a la cocina, coge un cuchillo y mátame. Las cosas no se arreglarán. Mira lo que he hecho.*

Susan, nuestra hermana pequeña, fue testigo de esta trascendente conversación.

Susan tenía ocho años, el pelo muy moreno, unos pómulos carnosos, una sonrisa perpetua y un encanto travieso. Yo era su hermano mayor, lo que significa que todas las trastadas que me hacían mis hermanos mayores (¿recuerdas lo de los bocadillos con salsa Tabasco?) y por las que tanto los odiaba, yo las reproducía inmediatamente con Susan.

Las grandes familias funcionan más o menos como las cañerías…, siempre desaguan hacia abajo.

Susan, acércate. Te he preparado un bocadillo de mantequilla de cacahuete y gelatina. ¡Te encantará!

De modo que no debería haberme sorprendido que, cuando pedí un cuchillo mientras estaba tendido en el jardín delantero, Susan no lo dudara un instante.

Dejó atrás el aire fresco y seguro de la calle, se dio la vuelta y corrió hacia la casa en llamas. Entró al salón mientras el humo salía por las ventanas y puertas. Lo atravesó y se dirigió directamente a la cocina.

Apenas podía ver nada.

Le costaba respirar.

Pero conocía el camino.

Y tenía un propósito.

Susan cogió lo que había ido a buscar y volvió a salir de la casa corriendo.

Jamás olvidaré la escena: tendido en el jardín, en los acogedores brazos de Amy, observando cómo se quemaba nuestra casa y, de repente, mi hermana pequeña aparece por la puerta principal.

Parecía una película.

Corrió hacia donde estábamos Amy y yo, el rostro ennegrecido y deformado por una mueca, las lágrimas y el hollín.

Se detuvo a medio metro de mí.

Estaba resollando.

Lo sostenía en una de sus manos.

Alargó la mano en mi dirección.

Y vertió el vaso de agua que sostenía directamente sobre mi rostro.

Deseé que me tragara la tierra.

Susan había arriesgado su vida para traerme un vaso de agua, para rogarme que siguiera viviendo.

Tras verter el vaso de agua sobre mi cara, se dio la vuelta y volvió a correr hacia la casa en llamas. Alcanzó la cocina, volvió a llenar el vaso con agua, salió corriendo al exterior y repitió la operación.

Entonces, volvió a dar media vuelta y, el 17 de enero de 1987, corrió una tercera vez hacia la casa.

En el Nuevo Testamento, Jesús nos recuerda: «Nadie demuestra tener mayor amor que aquel que entrega su vida por un amigo».

A los ocho años, Susan estaba dispuesta a hacerlo.

Somos muchos los que creemos que fue un milagro que Susan pudiera volver a salir de la casa una tercera vez con un vaso de agua para verterlo sobre mi rostro.

Su acción resultó decisiva.

Como he comentado anteriormente, tenía quemaduras de tercer grado desde el cuello hasta los pies. No así en el rostro ni en la cabeza. Hay quien lo achaca a Susan.

Gracias a ella, la piel en esas zonas se enfrió considerablemente, evitando quemaduras más graves. Hay quien sugiere que su acción evitó las quemaduras de tercer grado en la cara y el cuero cabelludo. Esto es algo muy importante, ya que no sólo me salvó la vida, también salvaguardó el cuero cabelludo, la principal zona de la que en los meses posteriores, durante la cirugía, se obtuvieron los injertos para el resto del cuerpo.

Susan me salvó la vida.

Es un ejemplo asombroso y auténtico de cómo algunas personas actúan movidas por un propósito capaz de derrotar cualquier excusa.

Nos recuerda de un modo profundamente conmovedor que cuando tenemos un propósito, somos capaces de superar cualquier obstáculo.

Y es también una invitación para descubrir aquello que es realmente importante en nuestra vida. De ese modo podremos decidir implicarnos al máximo.

INDIFERENCIA FRENTE A PROPÓSITO

Un héroe es una persona normal y corriente que encuentra la fuerza para perseverar y resistir contra todo pronóstico.

—Christopher Reeve

¿Estás seguro de tener un propósito?

No me refiero a cuándo fue la última vez que entraste en un edificio en llamas o arriesgaste tu vida por los demás. Quiero saber si vives con plena conciencia de que la vida es importante. Como si hoy mismo estuviera a punto de suceder algo significativo.

¿Lo estás dando todo?

¿O has dejado que la indiferencia vaya robándote la alegría de vivir?

¿Has permitido que lo mundano, lo ordinario, los problemas, el aburrimiento consuman lo mejor de tu vida?

Haz que éste sea tu punto de inflexión.

Elegir vivir la vida con intensidad significa no estar dispuesto a aceptar cualquier cosa.

Puedes seguir huyendo, protegiéndote, desvinculándote de todo y fingir que nada te importa. Evidentemente puedes cruzarte de brazos y decir: «¿Qué más da? No me importa. Me da lo mismo».

O puedes seguir luchando.

Puedes involucrarte en las cosas que te rodean, encontrar un propósito en la vida y agarrarte a él con todas tus fuerzas. Puedes proclamar con orgullo: «¿Qué más da que a veces me queme? Merece la pena. ¿Qué importa que a veces sienta dolor? Puedo inspirar a otras personas. ¿Qué más da que sea difícil? Sólo tenemos una vida y tengo la intención de perseverar».

Al elegir vivir la vida intensamente puede que salves una vida.

Incluso puede que sea la tuya.

Elige tener un propósito.

Si cambias la perspectiva de ver las cosas,
lo que observas se transforma.

—*Wayne Dyer*

4

¿QUÉ HACES EN LA CÁRCEL?

Haz las preguntas de otro modo y conseguirás cambiar
las respuestas, y también tu vida.

No puedo abrir los ojos.

Acabo de pasar por otra operación.

La séptima.

A estas alturas ya conozco la rutina.

Vienen a buscarme a la habitación por la mañana.

Me llevan a la planta baja.

Se reúnen a mi alrededor con sus máscaras y gorros azules.

Uno de ellos me pone una máscara de plástico en la cara.

Me hablan del tiempo, de béisbol o de sus familias.

Me quedo dormido.

Me operan.

Poco después despierto grogui.

Completamente grogui.

Y siempre, siempre, las primeras personas que veo son mis padres. Siempre están ahí.

Me refrescan la boca con hielo, me felicitan por haber superado otra operación y me recuerdan que ya queda menos para volver a casa.

Algunas veces incluso me traen otro juguete de la tienda de regalos.

La mayor parte de las operaciones consisten en extraer piel de la parte de mi cuerpo menos quemada, la cabeza, e implantarla en otra parte.

No sé muy bien cómo lo hacen, pero parece ser que el procedimiento consiste en remendarme.

Según dicen es para que pueda volver pronto a casa.

Y eso es lo único que quiero.

Quiero volver a casa con mamá y papá.

Una enfermera comprueba mis signos vitales.

Me dice algo, pero estoy demasiado cansado para mirarla.

No puedo mantener los ojos abiertos.

Entonces oigo un ruido procedente de la parte de la habitación donde suelen quedarse mis padres.

Susurros. Están hablando entre ellos.

Me esfuerzo por volver a abrir los ojos.

Y veo que mi madre está llorando.

¿Qué pasa? ¿Por qué llora?

Nunca había visto llorar a mi madre.

Mamá no llora.

Mamá me ayuda cuando yo lloro.

Siempre está alegre, animada, positiva.

Es una persona llena de fe, de modo que verla llorar hace que me... asuste.

Mi padre se da cuenta que tengo los ojos abiertos.

Le da una palmada en el hombro a mamá. Ella se seca las lágrimas. Levanta la cabeza y sonríe.

Se acercan a la cama y apoyan una mano en mi hombro.

—Hola, cariño –dice mamá–. ¿Cómo te encuentras?

Asiento para decirle que estoy bien.

Pero imagino qué les ocurre.

Mi padre se acerca aún más.

Se agacha.

Su voz suena un poco extraña... como si tuviera algo en la garganta.

—John, hemos de decirte una cosa. La última operación ha ido bien. Ya queda menos para ir a casa... Pero, John, verás..., han tenido que amputarte los dedos. Estaban demasiado afectados por el fuego y no han podido salvarlos. Se habían infectado y la infección iba a extenderse a...

Mi padre sigue hablando.

Dejo de escucharle.

¿De qué está hablando?

Me miro las manos vendadas.

A mí me parece que están igual que antes. Las llevo cubiertas desde que me hospitalizaron.

Y siguen estando vendadas.

¿Qué quiere decir con eso de que ya no tengo dedos?

Le interrumpo:

—¿Me volverán a crecer?

Papá sacude la cabeza. No.

Yo le digo que las uñas de las manos sí crecen.

Y las de los pies también.

Y el pelo.

¿Cómo está tan seguro de que no volverán a crecerme los dedos?

—Lo siento, John. No volverán a crecer.

Intento imaginar cómo será mi vida más allá de estas paredes.

Sin dedos, no podré jugar al baloncesto, ni escribir mi nombre ni ir a la escuela.

Eso significa que no podré trabajar ni ganar dinero.

No podré tener hijos ni casarme porque qué chica querría darle la mano a un chico sin dedos.

Noto cómo mi cuerpo empieza a temblar de rabia, de impotencia.

¿Cómo lo habéis permitido?

Papá, ¿cómo has dejado que me hicieran esto?

—John, lo hemos hecho para salvarte la vida. Te queremos, más que nunca.

Sacudo la cabeza y hundo la cara en la almohada.

Cierro los ojos. Lloro.

Sé que mi vida ha terminado.

~ ~

¿Cuál es la diferencia entre la tragedia y el triunfo?

¿Qué diferencia a una persona que parece estar sumida en la desgracia, que vive la vida como si se tratara de una tragedia, de aquella que, a pesar de las dificultades, las soporta con heroísmo y persiste como si su vida fuera una historia de triunfo épico?

¿Por qué algunas personas tropiezan continuamente, caen y equivocan su camino en la vida, mientras que otras se levantan, se hacen más fuertes y logran volar más alto?

Ay, amigo, la vida es dura.

Todo el mundo lo sabe.

Los vientos de la contrariedad, los desafíos y la tragedia agitan la vida de todos.

Conocemos a personas que han pasado por una situación de dificultad y que se han quedado varados en el lodo. Personas a las que la vida sólo les ha traído decepciones, que se han quedado en el arcén, incapaces de levantarse, de seguir adelante.

Pero también conocemos a otras personas que han renacido de sus cenizas, que han superado pruebas extraordinarias y que han alcanzado un éxito asombroso.

Entonces, ¿qué hace que algunas personas sean víctimas de sus circunstancias y que otras salgan victoriosas? ¿Es algo que está dentro de ellas, una fuerza interior congénita?

No.

La respuesta está en cómo respondes a una pregunta muy sencilla.

LA METAMORFOSIS DEL GANADOR

En mi vida hay muchos héroes.

Ya hemos conocido a algunos de ellos. Sigamos descubriendo a algunos más.

Los héroes son importantes. Nos ayudan a centrarnos en lo posible. Son un constante recordatorio del poder de la superación. Nos recuerdan que es posible alcanzar nuestros sueños más preciados. Sus vidas son un ejemplo de lo que podríamos conseguir si dejáramos de poner excusas. Y nos ayudan a comprender que los héroes no suelen llevar capa. Algunas personas normales deciden vivir de una forma extraordinaria a pesar de las dificultades a las que se enfrentan. Uno de los mejores ejemplos de esto es mi padre.

Supongo que para la mayoría de los niños su padre fue su primer héroe. Cuando somos pequeños, aspiramos a ser, reverenciamos, tememos y amamos a nuestros padres. Queremos que estén en la cancha cuando practicamos algún deporte, complacerlos con nuestras notas y esperamos que se sientan orgullosos de nosotros.

Actualmente, es mi padre quien me hace sentir orgulloso. Hace poco cumplió setenta años, y durante los últimos veintitrés ha estado luchando contra el párkinson.

Es probable que sepas qué es el párkinson gracias al famoso actor Michael J. Fox, quien ha continuado frente a los focos de la prensa y haciendo películas a pesar de las dificultades que le impone la enfermedad. El párkinson es una dolencia degenerativa que tiene un impacto gradual en todo el sistema físico del cuerpo. Con el tiempo, la persona afectada por el párkinson pierde la capacidad de teclear, escribir, caminar, hablar e incluso comer. Como resultado de ello, cada vez resulta más difícil socializar, trabajar, realizar actividades de ocio. En una palabra, funcionar con normalidad.

Vivir.

Antes del diagnóstico, mi padre era una persona extremadamente activa. Nunca se perdió ni un solo día de clases en la escuela, el instituto, la facultad de Derecho, ni un solo día de trabajo. (Yo solía perderme días de clase ante la mera *posibilidad* de ponerme enfermo).

Se enorgullecía de ayudar en las tareas de la casa y del jardín (pese a que sus habilidades como jardinero y manitas dejaban mucho que desear. Lo siento, papá, es la verdad).

Siempre era el primero en levantarse por la mañana y el último que se iba a la cama por la noche. Un hombre con éxito en su trabajo, presente en su casa, amante de su esposa, encantado con sus hijos y activo en su fe. La definición del hombre con éxito.

Ha sido muy duro ver cómo iba perdiendo lentamente toda su energía, salud y vitalidad. Actualmente, aunque pueda hacer poco físicamente, sigue siendo la persona más fiel, cariñosa y optimista que conozco. Por muy dura que sea la enfermedad para mi padre, lo que más me sorprende es que jamás le haya oído quejarse.

Veamos, ¿cuándo fue la última vez que te quejaste de algo?

¿Quizá en la cafetería porque se olvidaron de poner leche en el café?

¿Porque el tráfico era horrible?

¿Porque la lavadora te arruinó una camisa?

¿Porque el filete estaba demasiado hecho?

Hay mucha gente experta en detectar los errores y echárselo en cara a los demás.

Sin embargo, yo intento aprender de mi padre, quien lleva luchando más de dos décadas contra una enfermedad que lo está debilitando. Se ha caído varias veces, se ha fracturado huesos, ha pasado por el quirófano y toma un montón de fármacos. Su dolencia le ha complicado mucho la vida y, últimamente, sufre intensos dolores.

Y no se ha quejado ni una sola vez.

Es un hombre increíble. Cuando yo crezca, quiero parecerme a él.

Después de todo el tiempo que paso en la carretera debido a mi carrera como orador, espero con fruición los fines de semana en casa. Muchas veces simplemente me apoltrono en casa rodeado de mi familia cada vez más numerosa y activa. Los gritos frenéticos y los juegos de nuestros cuatro hijos llenan las habitaciones. Por la mañana preparamos gofres, acudimos a eventos deportivos todo el día y, de vez en cuando, visitamos la casa de algún amigo para jugar.

A veces desconectamos del frenesí del fin de semana, nos subimos al coche y vamos a visitar a mis padres. Mi madre nunca se cansa de estar con sus nietos. Beth agradece la ayuda a la hora de poner un poco de paz. Y a mí simplemente me encanta visitar a mis padres.

En uno de esos fines de semana, papá y yo estábamos sentados en el porche cubierto, dos vasos con té helado sobre la mesita de café. Era uno de sus días malos. Era evidente que tenía mucho dolor. No había podido levantarse de la silla de ruedas para recibirnos. Le costaba hablar, de modo que nos quedamos sentados en silencio.

Cuando conoces a alguien bien, no necesitas hablar para mantener una conversación.

Sin embargo, aquel día tenía algo que necesitaba decirle. El día antes, en una de mis charlas, había retado al grupo a que les contaran a los héroes de sus vidas cómo se sentían.

Sentado al lado de mi padre, comprendí que debía seguir mi propio consejo. No es muy habitual que podamos estar los dos solos. Y aún es menos habitual que yo logre sincerarme.

Sincerarme de verdad.

De modo que le miré directamente a los ojos y le dije que le quería. Le dije que era un padre asombroso. Le dije que estaba orgulloso de él.

Él probablemente pensara que me pasaba algo raro y vi que estaba a punto de preguntarme: *¿Te encuentras bien? ¿Has estado bebiendo? ¿Os mudáis? ¿Qué ocurre?*

En lugar de esperar a su pregunta, continué:

—Papá, cada vez que estoy contigo lo pienso. Esta vez quería que lo supieras.

Aunque me sentí incómodo, la sonrisa que asomó a su rostro fue suficiente recompensa.

Entonces me abrazó. Me dijo que él también me quería. Y aprovechó la oportunidad para decirme que era su hijo favorito. (¡No, no es verdad! Papá siempre dice a uno de sus seis hijos que él o ella es su favorito… y siempre es verdad).

Nos quedamos un rato en silencio. Me había quitado un peso de encima. Acababa de compartir algo que llevaba muy dentro de mí pero que nunca había podido verbalizar. Para mí fue muy importante poder decirlo y, para él, a juzgar por el brillo en sus ojos, fue importante escucharlo.

—Papá, sé que hoy no tienes un buen día. Parece que las cosas van a peor. ¿Cómo puedes ser siempre tan… positivo?

Asintió y esbozó una sonrisa.

Dio un sorbo de té helado, se aclaró la garganta y me susurró:

—Bueno, John, no sé cómo podría ser negativo cuando tengo tantas cosas por las que sentirme agradecido.

Papá dijo aquello sentado en una silla de ruedas.

Le costaba comunicarse.

Había derramado un poco de té debido a los temblores.

Tenía un brazo en cabestrillo por culpa de una caída reciente.

Y, a pesar de todo, dijo aquello con una sonrisa sincera.

—¿Como qué? ¿Puedes decirme tres cosas de las que te sientas agradecido por culpa del párkinson?

Sabía que mi padre siempre veía el lado positivo de las cosas, pero sentía curiosidad por saber qué sentido podía encontrarle a una enfermedad tan terrible.

Su rostro adoptó un gesto pensativo.

—Bueno, para empezar, me alegro de que no sea una enfermedad más grave.

Apenas podía entenderle porque hablaba muy bajito.

Dio otro sorbo de té, se aclaró la garganta y continuó:

—Y doy gracias por el tiempo de que dispongo para reflexionar sobre quién soy y qué es Dios. Antes estaba siempre muy ocupado. Agradezco tener tiempo para pensar.

Hizo una larga pausa antes de dar la tercera razón, y la aprovechó para volver a llevarse el vaso a la boca y tragar con dificultad.

—Y, John, siempre me ha gustado tu madre.

Me reí entre dientes.

—Me alegra oír eso, papá. ¡Llevas cuarenta años casado con ella!

—No me entiendes. Esta enfermedad ha alejado a algunos de mis amigos. Es muy difícil hacer cosas. Salir de casa. Incluso me cuesta dar una vuelta a la casa. Pero tu madre, mi mujer, cada vez la siento más cerca. La quiero. Y doy gracias por la relación que tenemos. —Apartó la mirada para dirigir la vista hacia el jardín.

Pensé en sus respuestas. Pese a sufrir una enfermedad que se lo arrebata prácticamente todo, se siente agradecido de no tener una enfermedad peor.

A pesar de que su dolencia lo aísla de los demás, se siente agradecido por poder reflexionar.

Aunque su dolencia le convierte en dependiente de los demás, agradece las relaciones que tiene, especialmente con su mujer.

Me levanté y le di un gran abrazo. Él dijo con voz tenue pero con firmeza:

—John, siéntate. No he terminado. Siéntate, por favor.

—Doy gracias a la tecnología médica y a aquellos que la hacen posible.

»Doy gracias por la mayor capacidad de sentir empatía por las personas con problemas.

»Cuando no puedo caminar ni hablar, doy gracias por los días que sí puedo.

»Cuando vamos en coche, doy gracias por el aparcamiento para minusválidos.

»Me siento agradecido de haber escrito un libro, *Overwhelming Odds*.

»Doy gracias porque cada día puedo ver, oír, aprender, reír, amar y vivir.

»Además, John, doy gracias por el alivio que recibo, aunque no puedan curarme. Puede que el párkinson acabe matándome, pero cada mañana me levanto sabiendo que Dios ya me ha sanado.

No pude contestar nada. Su respuesta me dejó sin palabras.

Lo único que pude hacer fue levantar el vaso a modo de saludo, dar un sorbo, intentar deshacerme del nudo en la garganta y apartar la mirada con los ojos llenos de lágrimas.

La enfermedad de mi padre es la que es. No hay mucho que podamos hacer al respecto. Pero mi padre posee la fuerza necesaria para responder de una forma adecuada. Su terrible enfermedad, el intenso dolor físico que le provoca, su incapacidad para trabajar y las dificultades económicas resultantes le han permitido recibir uno de los mayores regalos de su vida. Porque mi padre *ha decidido* que debía buscarlo.

Ha decidido que debía buscarlo.

Mi padre es un ejemplo maravilloso de cómo vivir la vida con intensidad. Y se erige en un buen ejemplo para la cuarta elección a la que debes enfrentarte si deseas llevar una vida radicalmente inspirada. Elegimos conscientemente considerar la vida, toda la vida, con sus aspectos aparentemente positivos y negativos, como un regalo.

Porque, en la vida, dependiendo de donde centremos nuestra atención, afectaremos al resultado.

Si nos centramos en lo malo, esto se reproducirá haciéndose omnipresente (si no me crees, mira esta noche las noticias. Los periodistas son expertos en esto). Si nos centramos en lo bueno, esto se expandirá rodeándonos completamente.

En lugar de centrarse en lo que ha perdido, mi padre aprecia lo que aún conserva.

En lugar de centrarse en lo que le falta, disfruta de sus bendiciones.

Todos conocemos a personas que lo tienen todo y no agradecen nada. Y a otras que no tienen nada y se muestran agradecidas por todo.

¿Qué tipo de persona eres tú? Y, aún más importante, ¿qué tipo de persona quieres ser?

¿CUÁL ES LA PREGUNTA?

Antes he dicho que lo que diferencia a una víctima de un ganador es el modo en que responde a una pregunta muy sencilla. Déjame explicarlo mejor.

¿Cuál es la pregunta favorita de la víctima?

Piensa en una persona que conozcas con una mentalidad victimista. La vida siempre está conspirando contra ellos, siempre tienen algún problema del que quejarse. Sean o no conscientes de ello, hay un estribillo que no deja de dar vueltas en su cabeza. Es una pregunta que se hacen constantemente, tanto a ellos mismos como a cualquiera que quiera escucharlos: ¿Por qué a mí?

¿Por qué a mí? ¿Por qué me pasa esto a mí?

¿Por qué a mí? ¿Por qué siempre me pasa algo malo?

¿Por qué a mí? ¿Por qué los demás siempre tienen buena suerte?

Pero ¿sabes una cosa? Los ganadores también tienen su pregunta. Una pregunta totalmente distinta.

Su pregunta no ve la copa medio llena, sino desbordada. La pregunta de los ganadores ve el pasado como una fuente maravillosa de sabiduría, atisba un futuro lleno de posibilidades excepcionales y considera los desafíos, cualquier tipo de desafío, como un regalo.

La pregunta que se hacen los ganadores es... ¿Por qué a mí?

¿Por qué me ha pasado esto? ¿Qué lecciones puedo aprender de ello? ¿Cómo puedo dominar la situación, evitar que me arrastre con ella y lograr volver a ponerme en pie para ayudar a los demás?

¿Por qué a mí? Debe de haber alguna razón, algo que aprender.

¿Por qué a mí? No, las cosas no son perfectas. Pero al final se solucionan.

¿Por qué a mí? ¿Cómo he terminado en esta situación, con esta vida? ¿Qué puedo hacer para utilizar esta sorprendente capacidad?

Responder de otro modo a esta pregunta tan simple transforma las respuestas que obtienes, lo que haces con ellas y, en última instancia, el modo en que vives.

La calidad de nuestra vida no depende de las circunstancias. La calidad de nuestra vida, nuestro nivel de alegría y la capacidad para transformar los retos en oportunidades reside en nuestra perspectiva.

No se trata simplemente de «Cuando la vida te envía calamidades...». Es algo que va mucho más allá de un póster para motivar o una pegatina para el coche.

El modo en que decidimos afrontar los acontecimientos cotidianos, las relaciones personales y los momentos importantes condiciona de forma decisiva no sólo la calidad de nuestra vida, sino también su duración e intensidad. Esto no es algo que sólo lo diga yo. No, existen estudios que lo confirman.

En 1986, investigadores de la Universidad de Minnesota iniciaron un experimento que con el tiempo pasó a denominarse Estudio Monja. Debido a su estricto régimen de reclusión, se consideró que las monjas eran un grupo de estudio ideal; sus vidas tenían menos variables que las de la población general. Piensa en ello: debido a sus votos, estas mujeres llevan una vida similar, comen prácticamente lo mismo, trabajan las mismas horas y bajo circunstancias parecidas. Sería difícil encontrar un grupo humano con unas costumbres tan homogéneas.

En el experimento, los investigadores analizaron y revisaron los diarios y vidas de 180 monjas de la comunidad de las Hermanas de Notre Dame, en Milwaukee. La tesis principal consistía en descubrir si existía una relación entre la actitud vital y la longevidad. Los investigadores buscaron en la documentación comentarios positivos y negativos. Una entrada del tipo «La comida es asquerosa» se consideró un comentario negativo. Por el contrario, «¡Agradecida por otra noche de judías y arroz!» se clasificó como positivo.

¿Se encontró alguna conexión?

¿Se consideró relevante el modo en que respondían a la pregunta *Por qué a mí?*

¿La actitud vital influye en la longevidad?

¿Es relevante mostrarse agradecido?

¿Qué piensas?

El metódico análisis de los datos reveló que el 34 por 100 de las monjas que se habían mostrado menos entusiastas en sus diarios seguían vivas a la edad de 85 años.

No está mal.

Hasta que lo comparamos con aquellas que se mostraron más positivas.

Un sorprendente 90 por 100 de las monjas cuyos comentarios habían resultado más entusiastas seguían vivas a los 85 años. Una década después, el 54 por 100 de las más positivas seguían con vida a la edad de 94 años, comparado con el 11 por 100 de las menos positivas. Las cifras son asombrosas. Los investigadores buscaron otros factores que pudieran explicar los resultados…: su nivel de devoción, nivel intelectual, actividad física. Pero sólo un factor predecía con claridad tanto su longevidad como su vitalidad: la cantidad de comentarios positivos o negativos que habían dejado por escrito.

Menudo descubrimiento.

Obviamente, todos nacemos con un temperamento determinado, y algunas personas tienen un carácter más alegre y positivo que otras. Pero todos podemos aprender a incorporar la gratitud a nuestras vidas. Cuando recibimos algún revés y empezamos a oír la cantinela *¿Por qué a mí? Pobre de mí* en la cabeza, podemos detenernos y aceptar aquel momento como un punto de inflexión. Podemos seguir adelante con la misma actitud o podemos esforzarnos por revertir la situación.

Podemos empezar a superarlo.

Podemos encontrar motivos por los que sentirnos agradecidos.

Pero nadie tomará la decisión por nosotros.

APRENDER LA LECCIÓN

Me encanta la Navidad.

El frío, el tiempo con la familia, los días de fiesta, la deliciosa comida, la música alegre, los servicios en la iglesia, las decoraciones, las luces… Me gusta todo. Y ningún día puede compararse a Noche Buena.

El 24 de diciembre de 1998, mientras empezaba a nevar, mi familia se reunió en casa de mis padres para celebrar la Navidad. El fuego crepitaba en el hogar, los regalos esperaban bajo el árbol, las galletas estaban preparadas, el ponche de huevo consumido y la casa rebosaba de alegría navideña.

Los momentos como aquél vividos en familia son inolvidables.

El tiempo en familia es muy importante.

Hay cosas que no podemos perdernos.

Y aquella Navidad yo me lo perdí.

Por aquel entonces trabajaba como becario en prácticas en una importante empresa financiera en San Luis y me pasé la Noche Buena organizando papeles bajo la luz de los fluorescentes. Aquel día mi productividad se resintió. Me pasé el día en un lastimero estado de trance, mirando por la ventana, viendo cómo caía la nieve y echando de menos a mi familia.

No obstante, de las pequeñas decepciones podemos sacar excelentes lecciones que se transformen en fuentes de motivación.

Sentado en mi cubículo, decidí que aquélla sería la última Navidad que pasaba en el trabajo. Al no estar seguro de qué negocios me permitirían tener el control de mi agenda, creé el mío propio. Valoré la posibilidad de abrir un túnel de lavado o una cafetería, pero finalmente me decidí por la reforma de casas.

Para alguien que jamás había pintado su habitación, cogido una herramienta o realizado ninguna reforma importante, aquélla fue una decisión, cuando menos, peculiar. Una decisión extraña para una persona que no tiene dedos. Pero me parecía divertido y fácil cuando lo veía por la tele.

De modo que compré algunas herramientas y empecé a trabajar con un amigo que acababa de abrir una agencia inmobiliaria. Juntos acumulábamos una experiencia total de tres semanas, y nuestro objetivo era encontrar una finca perfecta que pudiéramos reformar.

Pocas semanas después comprábamos una casa familiar para seis personas de 130 años de antigüedad en el núcleo histórico de nuestro barrio. Estábamos entusiasmados. Aquello iba a ser fácil, rentable y divertido. Podría ser mi propio jefe, contratar a amigos, tener el control de mi horario y asistir a los partidos de béisbol. Iba a hacer realidad mi sueño. ¿Qué podía salir mal?

Todo.

Fue un desastre.

Recuerdo perfectamente el primer día de trabajo. Al descubrir que una de las tomas de corriente no funcionaba, pensé que el problema debía de estar en uno de los disyuntores del sótano. Tras encontrar finalmente la llave que abría la puerta del sótano, me topé con la oscuridad y un olor nauseabundo. Como no funcionaba ninguna de las bombillas, cogí una linterna y bajé con precaución por la deteriorada escalera.

¿Recuerdas el miedo que te producía el sótano cuando eras pequeño? ¿Recuerdas el pánico que sentías ante la mera idea de bajar las escaleras? ¿Qué misterio insondable podía ocultarse ahí abajo?

Pues aquel día sentí exactamente eso.

Haciendo acopio de todo mi valor, continué bajando y apunté con la linterna hacia el último escalón. Había tres palomas muertas. Tres malditos pájaros muertos. Pero los pájaros muertos no pueden detenerme. Pasé por encima de ellos, bajé el último escalón y comprendí que en la revisión inicial había pasado algo por alto: la casa tenía un sótano inmundo.

Quizás aquello era una señal.

Si lo era, no había reparado en ello.

Tras recoger los pájaros muertos, fui hasta el panel eléctrico, conecté los disyuntores y volví al trabajo.

Cada día descubría un nuevo problema peor que el anterior.

Las cañerías estaban oxidadas. El sistema eléctrico y el de refrigeración necesitaban una reforma completa. El suelo de madera que tan buena primera impresión me había causado estaba tan estropeado después de años de abuso que estaba inservible. El tejado tenía goteras y la pared exterior numerosos ladrillos sueltos.

Pese a trabajar día y noche durante un par de meses, la reforma no avanzaba. Necesitaba a alguien que me animara y me diera buenos consejos, de modo que invité a visitar la casa a un viejo amigo de la iglesia que *trabajaba* como constructor.

Cuando vi que Dick detenía su coche en el camino de entrada, salí a recibirlo, adopté una pose a lo Superman y me dispuse a hacerle un recorrido por el hermoso edificio.

Dick abrió la puerta del coche, bajó, echó un vistazo a la casa y después me miró.

—Dios mío, John. ¿Puedes devolverla?

Creo que no le impresionó mucho.

Los días eran largos y calurosos. El verano era sofocante y no había aire acondicionado. Al no estar acostumbrado a trabajar de aquel modo, acabé con las manos llenas de llagas. Tenía los tobillos y pies tan irritados por culpa del roce de las botas contra mis cicatrices que tenía que vendármelos cada día antes de empezar a trabajar.

Las reformas se alargaron.

El presupuesto y el tiempo invertido en el proyecto demostraron ser totalmente inadecuados.

Cuando el proyecto se acercaba al final, contraté a un abogado para que convirtiera los apartamentos en condominios que pudieran venderse. El proceso fue caro y agotador.

Y un completo fracaso.

Los inmuebles no se vendían. O, al menos, no al precio que esperábamos obtener. Tampoco los vendimos rebajándolos un 10 por 100 más. Ni tampoco cuando bajamos el precio un 20 por 100. No funcionaba nada.

Poco tiempo después, tuve que contratar otra vez a un abogado, esa vez para convertir los inmuebles en condominio en apartamentos de alquiler. La mujer del ayuntamiento me confesó que no había conocido a nadie que quisiera revertir el proceso.

Ya, yo tampoco, señora.

Durante aquella difícil etapa aprendí muchísimo sobre cómo perder dinero en el negocio inmobiliario. Me sentí humillado, agobiado y casi lo perdí todo, pero también me enseñó lecciones importantes que me servirían durante los años siguientes en mi labor como constructor.

En numerosas ocasiones durante aquel período la cantinela *¿Por qué a mí?* resonaba con fuerza en mi cabeza. *¿Por qué a mí? ¿Por qué no puede salirme bien ni una sola cosa?*

Pero ¿sabes algo?

Con el tiempo aprendí a responder a esa pregunta, la que me llevaba a un camino sin salida, de un modo distinto. En los días más oscuros, largos y calurosos, mientras trabajaba a destajo en aquel viejo horno, empecé a preguntarme: *¿Por qué a mí? ¿Qué lección puedo sacar de esto para el futuro?*

Verás, la gratitud no sólo nos permite dar gracias por lo que tenemos, sino que también nos proporciona el coraje y la determinación para superar cualquier adversidad.

Mi viejo y destartalado Ford F-250 tenía una pegatina con una cita pegada encima del retrovisor:

La gratitud nos abre a la abundancia de la vida. Convierte lo que tenemos en suficiente y más. Convierte la negación en aceptación, el caos en orden, la confusión en claridad. Puede convertir una comida en un festín, una casa en un hogar, un extraño en un amigo. La gratitud da sentido a nuestro pasado, trae paz al presente y crea una visión del mañana.

—*Melody Beattie*

Estas palabras me resultaron de gran ayuda las mañanas que salía temprano de casa para ir a trabajar en aquella furgoneta.

Y he recurrido a su sabiduría en innumerables ocasiones desde entonces.

En mi vida espiritual, cuando arrecia el temporal, cuando dudo, me resulta muy liberador levantar la vista al cielo y rezar preguntando *¿Por qué a mí?*

Sin embargo, no me hago la pregunta con actitud victimista, sino con el sincero y comprensivo agradecimiento de los innumerables regalos recibidos, y de los que sé que me depara el futuro.

EL MEJOR INDICADOR DE LA ALEGRÍA

Hace poco tuve la oportunidad de dar una conferencia en un encuentro de liderazgo para una de mis empresas preferidas, Southwest Airlines. También estaba invitada a participar Brené Brown, una de mis oradoras favoritas. En los últimos cinco años, Brené se ha convertido en una de las mayores expertas en vulnerabilidad, valentía y cómo llevar una vida auténtica.

Una de las cosas que más me llamaron la atención de su conferencia fue lo siguiente: «El mejor indicador de la alegría, aquello que nos ayuda a predecir si una persona se siente alegre, es la práctica de la gratitud». No es una opinión. Brené lleva doce años estudiando el tema.

Su investigación demuestra que la alegría no depende de las cosas que nos ocurren, del dinero que tenemos en el banco, de nuestro aspecto físico, de nuestros hijos ni de si podemos o no permitirnos irnos de vacaciones. Depende de si elegimos poner en práctica… la gratitud. Como afirma en su libro *Daring Greatly:* «De hecho, todos los participantes que hablaron sobre la capacidad de mostrarse receptivos a la alegría también lo hicieron sobre la importancia de poner en práctica la gratitud. Dicho patrón asociativo estaba tan presente en los datos analizados que tomé la decisión de no volver a hablar, como investigadora, de la alegría sin vincularla a la gratitud».

No podemos conocer la alegría sin la gratitud.

Pero lo que más le sorprendió de su investigación fue el hecho de que la gente mostrara gratitud por las cosas más sencillas de la vida: el sonido de la risa de tu mujer, el aroma del café de la mañana, el eco de los niños jugando en el jardín. Las pequeñas cosas.

Al esperar los grandes acontecimientos –las vacaciones, la jubilación, los cumpleaños– corremos el riesgo de perdernos las experiencias de la vida que más merece la pena celebrar.

Agradezco mi capacidad actual de prestar atención y celebrar las pequeñas cosas de la vida. Ahora sé que no existen los momentos «intrascendentes». Todo es un regalo, todo es un milagro. Este hábito comenzó hace algunos años después de visitar al padre de un amigo en el hospital. Tenía un cáncer abdominal tan invasivo que ni siquiera podía ir al lavabo.

Poco antes de irnos, me dijo: «John, si alguna vez puedo ir otra vez al lavabo, voy a celebrar una maldita fiesta. Hasta los pacientes de la segunda planta me oirán bailar. Voy a dar una fiesta… ¡y todo el mundo podrá venir a celebrarlo conmigo!».

Escribo esto cinco años después de aquella conversación, la última que mantuve con aquel gran hombre. Durante estos cinco años me he esforzado por dar las gracias cada día por todo.

Por lo bueno y por lo malo.

Por las cosas grandes y las pequeñas.

Sí, incluso cuando voy al lavabo, hago un pequeño baile para celebrarlo. En los lavabos públicos la gente suele sorprenderse, pero también es una buena forma de empezar una conversación.

En parte lo hago para honrar la memoria de mi amigo. Pero también porque, en cuanto conoces a alguien que ya no puede hacer algo que damos por hecho, te das cuenta de lo afortunados que somos de poder seguir haciéndolo.

DERRIBANDO MUROS

Hace unos años me invitaron a dar una charla en una prisión federal.

Era la primera vez que iba a una cárcel. No sabía muy bien qué iba a encontrarme. Estaba nervioso.

La tremenda ansiedad que sentía empeoró cuando me acerqué al edificio. Una señal en la salida de la autopista indicaba NO RECOJA A AUTOESTOPISTAS. Delante de cada plaza de aparcamiento había otro letrero: DEJE TODAS SUS PERTENENCIAS EN EL VEHÍCULO. NO LLEVE NADA CONSIGO.

Subí la escalera y me encaminé hacia la penitenciaria sin el móvil, las llaves del coche, el portátil ni la cartera. Sonó un timbre y entré en la sala de espera. Un guardia me hizo firmar, comprobó la información y me dio instrucciones de lo que tenía que hacer si se producía algún altercado entre los reclusos.

Y después me acompañó por un corto y oscuro pasillo hasta una puerta metálica.

Se oyó otro timbre y la puerta se abrió lentamente.

Crucé el umbral.

Era una pequeña sala con las cuatro paredes de cemento y metal y una videocámara. Como medida de seguridad, la puerta que daba acceso a la prisión propiamente dicha no se abría hasta que la puerta del mundo exterior, la que acababa de cruzar, se cerraba.

El corazón me latía aceleradamente.

Esperé mientras se abría la siguiente puerta, la que daba a las dependencias penitenciarias. Estaba a punto de entrar en la prisión y dar una charla sobre liderazgo.

Con mis 66 kilos de peso.

He dado conferencias en todo el mundo, desde grupos de ejecutivos de las 500 mayores empresas del país hasta encuentros con más de 15.000 agentes de seguros. Jamás he estado tan nervioso como aquella tarde.

Por fin se abrió la última puerta metálica con otro zumbido.

Atravesé el umbral y la puerta se cerró detrás de mí. Un caballero acudió a recibirme, me dio la mano y me acompañó rápidamente hasta la sala donde se celebraría la sesión.

La sala común parecía un hervidero. O un parque, con risas, puyas y charlas por doquier. A mi izquierda había un grupo numeroso de hombres jugando al baloncesto, corriendo, haciendo pesas, jugando al ajedrez o pasando el rato ociosamente.

Cruzamos la sala hasta una puerta marcada con un 8 y entramos en una vieja capilla. En la habitación hacía calor y estaba mal iluminada; un único ventilador ofrecía una tímida brisa.

En la sala había sesenta hombres con monos de color naranja.

No me presentaron oficialmente. Sólo me dijeron que cuando estuviera listo podía empezar a hablar.

Ordené mis pensamientos, dije una plegaria y eché un vistazo a la sala. Y empecé a hablar. Pensé que lo mejor sería empezar con la verdad. Les conté cómo me había sentido al llegar, al ver los carteles, al caminar bajo el sol de julio, al subir la escalera y al llegar frente a la puerta principal. Les dije que me había quedado paralizado esperando que se abriera la última puerta, la que me llevaría a entrar en contacto con los reclusos. Reconocí que había estado a punto de arrepentirme de haber ido.

Y, finalmente, les dije que en aquel momento no cambiaría el hecho de estar allí por nada del mundo.

Pasamos tres horas juntos. Compartí con ellos las lecciones que me habían permitido sobrellevar los meses en el hospital y la libertad que me habían ofrecido dichas lecciones, tanto en aquel entonces como actualmente, para vivir más allá de los muros imaginarios. Compartimos historias, hablamos sobre cómo superar las adversidades y debatimos las estrategias para encontrar significado, esperanza y perdón incluso entre aquellas cuatro paredes.

Hacia el final de la visita, el nivel de gratitud aumentó considerablemente. En la capilla había un viejo piano. Me senté delante de él y empecé a tocar «Amazing Grace». A la gente siempre le sorprende que pueda tocar el piano sin dedos. Me gusta hacerlo por la noche para relajarme, pero a veces también lo toco en las sesiones para animar a los presentes. Aquel día pensé que la música ayudaría a aquellos hombres a reflexionar.

Recordé la conversación que había mantenido con mi padre unas semanas atrás y decidí recurrir a la misma táctica.

—Quiero que penséis en tres cosas por las que os sentís agradecidos. Concretamente, tres cosas que agradezcáis por el tiempo que habéis pasado en la cárcel.

Se oyeron algunas risas apagadas y murmullos. Comprensible. Aquél no era un ejercicio precisamente sencillo.

No reaccioné.

Continué esperando.

Unos cuantos minutos después, me levanté y dije:

—¿Quién quiere decir algo?

Casi todo el mundo bajó la vista.

Nadie dijo una palabra.

Silencio.

Por fin, oí como alguien se aclaraba la garganta.

Levantó la mano.

Le hice un gesto con la cabeza para agradecérselo.

Se puso de pie.

Miró a los otros reclusos y después a mí.

—Nada en absoluto –dijo.

Y volvió a sentarse.

La sala estalló en carcajadas.

¡La pregunta *¿Por qué a mí?* empezó a rondar por mi cabeza!

Le agradecí sus palabras y pregunté si alguien más tenía algo que compartir.

Más silencio.

Finalmente, se oyó el chirrido de una silla plegable al rozar las baldosas del suelo.

Un hombre sentado al fondo de la sala se puso de pie.

—Señor –dijo con una voz clara y potente. El hombre tenía la vista clavada en el suelo; un bigote mal cuidado y de color teja le cubría toda la boca–, yo diré algo. Vamos allá… –Echó un vistazo a la lista que había estado confeccionando y empezó a hablar.

Y a compartir.

Leyó treinta y una cosas por las que se sentía agradecido.

La calefacción en invierno. El aire acondicionado en verano. La biblioteca. Una cama caliente. El servicio de lavandería. La posibilidad de redimirse. Los nuevos amigos. Dejar atrás su antigua vida. Las cuatro comidas diarias. La cama. La almohada. La manta. La vida.

Volvió a sentarse.

Nadie se movió. Durante unos segundos el silencio reinó en la sala.

Y entonces la capilla se llenó de aplausos.

Fue un momento absolutamente mágico.

Cuando el primer hombre se había sentado, todo el mundo se había puesto a reír. Cuando aquel caballero se sentó, los demás se pusieron en pie y le rindieron una ovación.

Las mismas paredes.

Los mismos monos naranjas.

El mismo tiempo.

Las mismas comidas.

La misma experiencia.

La misma pregunta.

Sin embargo, la forma en que te haces la pregunta transforma la respuesta, alterando tu experiencia cotidiana, elevando tu vida e inspirando a los demás.

«LA DECISIÓN ES TUYA»

Pocos días antes de recibir el alta, alguien llamó a la puerta de la habitación.

Era el doctor Ayvazian.

Había sido él quien me había atendido en urgencias meses atrás; quien había estado a mi lado durante aquellos cinco meses, durante las múltiples operaciones y las intervenciones cotidianas.

Aunque aún estaba enfadado con él por haberme amputado los dedos, le tenía un gran cariño.

Era un hombre bajito, con gafas y que siempre sonreía. Tenía un brillo pícaro en los ojos y siempre me hablaba como si entendiera por lo que estaba pasando.

Y lo entendía.

También se había quemado de niño y, como consecuencia de ello, tenía cicatrices en las piernas. Como siempre llevaba pantalones oscuros, nunca las vi, pero no hace falta ver las cicatrices para saber que alguien se ha quemado. Lo ves en sus ojos. Lo oyes en su voz. Lo percibes en su compasión. Aquel hombre me entendía. Era una persona muy empática, amable y un cirujano de primera. Al final de cada visita siempre decía:

—Hasta la próxima, mi pequeño camarada.

Nunca se lo dije, ni tampoco se lo pregunté a nadie, pero de pequeño no sabía qué significaba «camarada». Sólo lo había oído en el cine. Normalmente la persona que lo decía era rusa. *«Con que "pequeño camarada", ¿eh? Vale, ¿eso es algo bueno o malo?».*

No lo sabía.

De modo que me limitaba a asentir y respondía:

—Vale.

En la visita que me hizo una semana antes de irme a casa, el doctor Ayvazian entró en mi habitación a media tarde. Apagó el televisor, se sentó en la cama y me sonrió.

—John —los ojos le brillaban de emoción—, tu recuperación es milagrosa. En toda mi carrera jamás he visto algo parecido. Me alegro mucho de que hayas tenido el apoyo de tu familia y tus amigos, y de todas las plegarias que te han traído hasta aquí.

Hizo una pausa.

—Ya sé que estos cuatro meses han sido muy difíciles, pero debes saber que lo que tienes por delante será también muy complicado.

Asentí. Sabía que lo que tenía que decirme era importante. Los niños saben esas cosas. También sabía que el doctor Ayvazian me estaba hablando desde la experiencia.

Se aclaró la garganta.

—John, ¿sabes que aún puedes hacer casi todo lo que quieras en la vida? Quizás no puedas ser estenógrafo, pero sí abogado o juez. Puede que no vuelvas a jugar al béisbol, pero puedes ser mánager o tener tu propio equipo. Es posible que no puedas ser carpintero, pero sí contratista y construir edificios increíbles. ¡John, si quieres puedes casarte, tener hijos y disfrutar de una vida increíble! Eres un niño extraordinario, y tu vida puede ser maravillosa. Pese a haber vivido una experiencia terrible, lo mejor está aún por llegar. Recuerda esto: puedes continuar siendo la víctima de una tragedia o puedes sobreponerte y convertirte en un ganador. La decisión es tuya.

Volví a asentir.

El doctor Ayvazian se inclinó y me besó en la frente.

Se incorporó, se alejó de la cama, abrió la puerta para salir de la habitación y entonces se dio la vuelta.

—Adiós por ahora, pequeño camarada.

Sus palabras, aquella visita, han permanecido conmigo durante los últimos treinta años. Sé que era una persona muy ocupada. Podría haberme tachado de la lista. Me iban a dar el alta; su trabajo había terminado.

Pero el doctor Ayvazian quería hacer algo más. Quería que supiera que tenía ante mí dos opciones: centrarme en lo que ya no podía hacer o ver las oportunidades que aún estaban disponibles.

Si no tenemos a nadie que nos recuerde las posibilidades que se abren ante nosotros, podemos olvidar nuestro potencial interior para convertir nuestra vida en una experiencia increíble.

El doctor Ayvazian era un líder excepcional. Trabajaba las 24 horas en mi caso. Se entregaba en cuerpo y alma a todos sus pacientes. También se esforzaba para asegurarse de que sus pacientes no sólo recibieran el alta, sino para que en el futuro volvieran a enfrentarse a la vida con valentía.

La perspectiva del ganador nos permite centrarnos inmediatamente en lo que tenemos, no en nuestras carencias. Mediante la gratitud, liberamos la vitalidad, la longevidad y el optimismo. Escapamos de las cadenas que nos atan y de los muros que nos limitan para empezar a vivir con intensidad, como si la vida fuera una fiesta.

Una fiesta en la que los pacientes dos plantas por debajo de la nuestra nos oyen saltar y bailar de alegría.

Una fiesta que provoca los aplausos de nuestros compañeros de planta.

Una fiesta que enciende la mecha de una vida radicalmente inspirada.

Que empiece el baile.

VÍCTIMA FRENTE A GANADOR

La vida no consiste en esperar que pase la tormenta, sino en aprender a bailar bajo la lluvia.

—Vivian Greene

¿Por qué a mí?
Una pregunta sencilla.
Con consecuencias muy importantes.
Siempre habrá tormentas. En tanto víctimas, levantamos la vista al cielo, agitamos las manos con desesperación y gritamos: «¿Por qué a mí?». Pensamos que la vida es una lucha, que los demás son malvados, que no hay esperanza y que lo peor está aún por venir.
Pero podemos elegir ver las cosas de otro modo.
En mitad de la misma tormenta podemos elegir convertirnos en ganadores. Reconociendo que una enfermedad es un regalo, que los muros no pueden contener nuestro espíritu, que el fuego sirve para templar y fortalecer nuestro carácter y que lo mejor está justo delante de nosotros. Levantamos las manos, sentimos la lluvia en el rostro y empezamos a bailar.
¿Por qué a mí? Vemos el camino a seguir.
Sabemos que la tormenta no es el final. Esperamos con ansia vislumbrar el primer rayo de sol.
¿Por qué a mí?
El modo en que respondemos a esa pregunta transforma todo lo que sucede después.
Elige sabiamente.
Elige ser un ganador.

No importa lo mal que parezcan estar las cosas;
si hay vida, hay esperanza.

—*Stephen Hawking*

5

¿SABES DECIR SÍ?

La comodidad está de moda, pero la valentía salva vidas.

Ya está aquí otra vez.

Lleva haciendo lo mismo desde el primer día que llegué al hospital. Es el responsable de cambiarme los vendajes. Me saca de la cama, me sube a la camilla y me empuja por el pasillo hasta la ducha. Y otra vez de vuelta.

Es un tipo enorme. Se parece mucho a Apollo Creed. Ya sabes, el boxeador que se enfrenta a Rocky. Bueno, pues cuando no está peleando contra Rocky, trabaja en el hospital. Yo le llamo Gran Roy.

Y era mi enfermero favorito.

Siempre pedía que viniera él porque era un hombre muy amable. El mejor sacándome de la cama, llevándome a la ducha y lavándome.

Antes era el mejor.

Pero ahora es el peor.

Ha cambiado.

Y no sé muy bien por qué.

Los últimos días ha seguido viniendo a mi habitación, pero ya no me levanta para posarme en la camilla.

Ahora llega, desata las cintas de velcro que me mantienen sujeto a la cama, me levanta, me sostiene de pie e intenta que camine hasta la sala donde me cambia los vendajes.

Las piernas me cuelgan entre las suyas.

¿No sabe que no puedo andar? ¿No sabe que las piernas no me funcionan?

Ni siquiera toco el suelo con los pies.

El dolor que siento tanto en los pies como en las piernas es insufrible. Toda la sangre baja de golpe y siento una terrible quemazón. Le pido que me deje. Que vuelva a tenderme en la cama. Le digo que me duele mucho. Que se detenga.

En lugar de hacerme caso, él insiste, de mala manera.

Mis piernas siguen colgando entre las suyas y él insiste:

—*Chaval, vas a caminar de nuevo. Ve acostumbrándote. Vamos, yo te ayudo.*

En serio. ¿Puedes creerlo?

¿En qué está pensando?

Tengo las piernas totalmente vendadas. Y lo que hay debajo de los vendajes es un desastre.

No puedo doblarlas. Mis pies no pueden soportar ningún peso. No tengo ni un músculo.

No voy a caminar nunca más.

Y me parece bien.

Mamá y papá me cuidarán. Mis hermanas también me ayudarán.

No necesito volver a caminar. Ni hacer nada. Estoy bien como estoy.

Y hoy vuelve a estar en mi habitación.

Me desata el brazo derecho. Después el izquierdo.

Me suelta la pierna izquierda. Después la derecha.

Me coge en brazos con suavidad; me saca de la habitación. Y entonces vuelve a hacerlo.

Posa mis piernas en el suelo, aunque mis pies apenas lo rozan. Él me sostiene con ambos brazos rodeándome el pecho. Empieza a avanzar hacia la sala de vendajes. Mis piernas se bambolean inertes entre las suyas.

Y entonces empieza a hablarme.

—*Chaval, escúchame bien: vas a volver a caminar. O sea, que mejor será que vayas acostumbrándote. Vamos, mueve las piernas. Muy bien. Venga, yo te acompaño.*

Intento olvidarme de él y del dolor que me está provocando.

Clavo la vista en el suelo.

Lo que tú digas, Roy.
No voy a volver a caminar.

~ ~

Una vieja camioneta se detuvo frente a la casa. Estaba esperando aquel momento, aquella camioneta y al hombre que la conducía. Observé desde el porche, sentado en una silla, al hombre mayor que bajó de ella. Cerró la puerta, se dio la vuelta y avanzó hacia la casa.

Estábamos a finales de invierno, aproximadamente un año después del accidente. Aunque ya no iba en silla de ruedas, mi cuerpo seguía encorvado, no podía doblar los codos, aún tenía inmovilizados los brazos, el cuello y las piernas y cojeaba al caminar. La fisioterapia era dolorosa y su impacto lento. Sí, podía «caminar», pero no como una persona normal. Entonces que había salido del hospital, lo único que quería era volver a ser un niño normal. Correr. Jugar al béisbol. Tirar a la canasta. Seguir el ritmo de los otros chicos. Me estaba costando demasiado y empezaba a desmoralizarme.

Entonces un caballero llamó a mis padres. Había oído mi historia y quería venir a conocerme. Dar un paseo conmigo y hablar de tú a tú. De hombre a hombre.

Cuando abrí la puerta eso es lo único que sabía de él. Nos presentamos en el salón, mis padres nos desearon que nos lo pasáramos bien y los dos «hombres» salimos de la casa. Nuestros andares eran similares, él por culpa de la edad y yo por las cicatrices en todo el cuerpo.

Y aquel hombre mayor me contó su historia.

Se llamaba Glenn Cunningham.

Me preguntó si le conocía.

Negué con la cabeza.

Me habló un poco de su vida.

En su juventud había sido el típico atleta americano. Durante un tiempo fue poseedor del récord mundial de los 1500 metros. Compitió en las Olimpiadas de 1936 y ganó una medalla de plata.

Se detuvo y me miró.

—¿Sabes una cosa? Tú y yo, John, no somos tan distintos. Cuando era niño yo también sufrí quemaduras en un incendio. Estaba inten-

119

tando encender la estufa en la escuela con mi hermano mayor. Hacía frío y aquel día fuimos los primeros en llegar a la escuela. Queríamos encender la estufa para calentar la sala antes de que llegara el resto de la clase. John, no sabíamos que la noche anterior habían llenado el bidón de queroseno con gasolina. Eso no es bueno, ¿verdad?

Sacudí la cabeza. *No, señor. Nada bueno.*

—John, aquella mañana, en aquella escuela, al lado de la estufa encendida, el bidón se prendió fuego. Todo estalló en llamas. La sala... se convirtió en un infierno.

Se detuvo y apartó la mirada.

—Mi hermano mayor, Floyd, era mi mejor amigo. Estaba en cada uno de los recuerdos que conservo de mi infancia, y aquella mañana estaba conmigo en la escuela. Murió nueve días después del incendio.

Siete décadas después, el dolor de aquella pérdida aún era claramente visible en su voz; la tristeza se reflejaba en sus ojos. El tiempo no había curado las heridas.

—John, me quemé todo el cuerpo. Pese a sentirme agradecido por estar vivo, el dolor era tan intenso que a veces deseaba estar muerto. ¿Entiendes lo que digo?

Tardé un poco en responder. Andamos unos cuantos pasos más. Finamente, levanté la mirada y hablé en voz baja.

Sí. Le entiendo.

Continuamos caminando lentamente por la acera.

—Aunque me quemé todo el cuerpo, las peores quemaduras las tenía en las piernas. Estaban tan mal que el médico quería amputármelas. Si se me hubieran infectado, habría muerto en poco tiempo. Por suerte, mi madre le rogó que no lo hiciera, le prometió que ella se encargaría de cambiarme los vendajes, todos los días, mientras existiera una posibilidad de que volviera a caminar.

Hizo otra pausa.

—Me llevó mucho tiempo, John. Tardé muchísimo en dejar la cama. Tardé muchísimo en ponerme de pie, en poder caminar, en poder pensar siquiera en correr.

¿Cómo lo conseguiste?

—Al principio mi madre me sacaba en brazos de la casa y me dejaba de pie junto a la valla que rodeaba nuestra propiedad. Yo me sujetaba a ella con fuerza hasta que me caía. Me levantaba, volvía a sujetarme a ella un rato más y volvía a caer. Y después mi madre me ayudaba a entrar. Después de un tiempo logré salir yo mismo de la casa, renqueante. Alcanzaba la maldita valla, me sujetaba a ella con ambas manos y la recorría lentamente, paso a paso, dando la vuelta a la granja. Con el tiempo conseguí hacer el mismo recorrido sujetándome a la valla con una sola mano. ¡Y después sin manos! Empecé a caminar junto a ella, después a correr y, al cabo de un tiempo, a esprintar. Cada vez más rápido.

Cada vez más lejos. Entonces empecé a participar en carreras. No pensaba en las Olimpiadas. Lo único que sabía es que no iba a pasarme la vida sentado. De modo que me puse de pie. Puse un pie delante del otro. Y jamás miré atrás ni desfallecí. Ni en la granja, ni en las competiciones universitarias, ni en las Olimpiadas de Berlín.

Glenn se giró y se agachó como pudo para poder mirarme a los ojos. Su voz era potente y resuelta.

—John, no he venido hasta aquí para hablar de mí. Estoy aquí porque creo en ti. Sé por lo que has pasado, y sé por lo que estás pasando ahora. Es una lucha. Es una pelea diaria. Pero piensa en lo lejos que has llegado desde que saliste del hospital. ¡Nadie confiaba en que sobrevivieras una sola noche! Y aquí estás, ¡demostrándoles que se equivocaban!

Asentí.

—Has llegado muy lejos, John. Y esto es sólo el principio. Intenta imaginarte a ti mismo haciendo algo que deseas mucho. Visualízalo. No te conformes con la mediocridad. Podrás hacer todo lo que te propongas. Fija un objetivo ambicioso y prepárate para conseguirlo. No tires la toalla cuando las cosas se pongan difíciles. Jamás renuncies a tus sueños. Ésa es la clave: jamás abandonar.

De vuelta a casa, Glenn siguió haciéndome preguntas y ofreciéndome su apoyo.

En aquellos momentos le necesitaba. Necesitaba conocer a alguien que hubiera pasado por la misma experiencia. Sólo tenía diez años, y dar un paseo con un medallista olímpico y superviviente de un incendio cambió mi modo de ver las cosas. Fue la primera vez que creí que si él podía hacerlo, yo también podía.

Cuando me dijo que tenía que marcharse, le acompañé desde el porche hasta su camioneta roja. El motor arrancó al tercer intento. Glenn bajó la ventanilla, sacó la cabeza, se despidió con la mano y me gritó: «¡John, no te rindas jamás!»,

Fue una conversación increíble.

Me cambió la vida.

Y estuvo a punto de no producirse.

Dos semanas después de aquella visita, Glenn moría en su casa de Arkansas. Tenía setenta y ocho años. El hombre que se había pasado la vida superando adversidades y dedicando su vida a los demás había hecho un último regalo, un rayo de esperanza para un niño impresionable que aún estaba aprendiendo a caminar.

La visita de Glenn tuvo lugar más de un año después de que las palabras del enfermero Roy me espolearan a no desfallecer; su potente voz había resonado en mis oídos y despertado la esperanza en mi corazón: «Chaval, vas a caminar de nuevo. Yo te ayudaré».

Las visitas de Roy también me hicieron mucho bien. Por mucho que le odiara al principio, por mucho que creyera que era imposible, pese a todo el dolor que debía soportar para llegar a la ducha, un día todo cambió.

Un día, mientras regresábamos a la habitación después del cambio de vendajes, algo cambió dentro de mí. Un día comprendí lo que Roy trataba de conseguir. *Quizás, sólo quizás, lo consiga. Volveré a caminar.*

A veces necesitamos que alguien camine con nosotros y nos haga ver las posibilidades que se abren ante nosotros.

Hoy en día no sería la misma persona de no ser por Glenn y Roy. Pese a conocerme en circunstancias muy adversas, no me permitieron que siguiera viviendo centrado en los problemas que me acuciaban. Me animaron a mirar hacia delante, me señalaron el camino que se abría ante mí. Me regalaron una visión poderosa, osada. Creyeron en mí cuando yo no creía en mí mismo.

Esos dos hombres me dieron una lección transformadora.

Me mostraron el poder de levantar la mirada.

APRENDIENDO A VOLAR

Me encanta llegar a casa después del trabajo.

Hace unas semanas, al detener el coche en el camino de entrada, tres de mis hijos, Jack, Patrick y Grace, vinieron a recibirme. Repartí abrazos, jugamos unos minutos al pilla-pilla y entré en casa para saludar a Henry y a mi mujer.

Beth estaba preparando la cena. La besé y charlamos un poco sobre cómo habíamos pasado el día y lo que podíamos hacer aquella noche. Después me pidió que avisara a los niños, que la cena estaba lista. Aún no había visto a Henry, de modo que salí al recibidor y le llamé. No obtuve respuesta.

Sólo tiene cuatro años, así que empecé a inquietarme un poco.

Subí las escaleras mientras le llamaba.

Seguí sin obtener respuesta.

Llegué al último piso y entré en el salón que da al patio trasero. Tiene ventanas en tres de las paredes y una vista panorámica muy bonita. Y aquella noche, encaramado al respaldo del sofá, con la frente apoyada en una de las ventanas, un niño llevaba puesta una máscara de las Tortugas Ninja y una capa de Superman mientras sujetaba un sable de luz en una mano.

Se dio la vuelta y agitó el sable de luz amenazadoramente.

La semana anterior habíamos estado en urgencias para que le cosieran. Y no era la primera vez que íbamos. Desde cortes grandes y profundos en las manos a una moneda en su estómago, los últimos años habíamos tenido que ir en varias ocasiones a urgencias. No quería volver a visitar a nuestros amigos del hospital, de modo que grité:

¡Henry, suelta el sable de luz y baja del sofá! Si te caes de la ventana, descubrirás que no puedes volar. ¡Baja, Hen!

Bajó de un salto, corrió hacia mí y me atacó con movimientos de karate y abrazos. Aquella demostración de amor me ayudó a calmarme, me enterneció y me recordó que no tardaría mucho tiempo en creer lo que acababa de decirle.

No tardaría mucho tiempo en soltar el sable de luz y olvidarse completamente de él. Dentro de poco pensaría: *Pero si los superhéroes no existen.*

No tardaría mucho tiempo en quitarse la capa, bajar del sofá, ir a su cuarto, guardar la capa en un rincón de su armario y pensar: *No son más que bobadas. Cosas de niños.*

En otras palabras, no tardaría mucho en perder su formidable capacidad de jugar, su creatividad y su extraordinaria imaginación. En poco tiempo sería como el resto de nosotros. La camisa por dentro. El pie izquierdo delante del derecho. Viviendo como todo el mundo. Creyendo que una vida salvajemente excitante, llena de alegría, donde todo es posible, es imposible.

Como padre, lo único que quiero es que Henry viva seguro. Pero cuando intentamos ponernos a salvo, cuando nos esforzamos por vivir cómodos, perdemos grandes oportunidades vitales.

Todos nos hemos enfrentado a situaciones en las que preferiríamos quedarnos como estamos. Ya sea porque nos han hecho daño o porque es demasiado tarde o porque nos da mucho miedo, todas esas excusas aparecen porque nos han enseñado a mantener la vista baja, clavada en el suelo que pisamos, para evitar tropezar. *Debemos sentirnos seguros,* nos decimos. *Mirar hacia abajo es práctico. No quiero parecer un idiota. No quiero caer.*

Pero mientras mantenemos la vista baja observando atentamente dónde estamos, somos incapaces de ver adónde vamos. Nos perdemos la belleza de lo posible. Y, evidentemente, no reconocemos el camino que lleva hasta allí.

Lo que debemos hacer es recuperar el estado mental que nos susurra:

«Todo es posible». Lo que debemos hacer es encontrar el coraje para abrir el armario donde guardamos nuestra capa. Ya sabes, la que te gustaba ponerte de niño, cuando la vida se abría ante ti con infinitas posibilidades. Debemos encontrar el coraje para volver a ponernos la capa. Para levantar la vista hacia el horizonte. Para volver a encaramarnos al sofá. Y para atrevernos a volar.

Ha llegado la hora de volver a atrevernos.

Puede resultar doloroso.

Pero te aseguro que merecerá la pena.

LECCIONES DESDE EL CUARTO DE LA LIMPIEZA

Me pasé cinco meses atado a una cama de hospital.

Durante aquellos meses de lucha por sobrevivir a las quemaduras, mis músculos se atrofiaron y perdí toda la masa muscular. Además de la falta de músculo, la piel que me estaban injertando, y que me estaba salvando la vida, representaba un nuevo desafío. Los injertos, del tamaño de un sello, me los trasplantaban del cuero cabelludo a zonas estratégicas del cuerpo gravemente afectadas por el fuego.

Estos nuevos cultivos de piel trajeron consigo un problema añadido: las cicatrices. Gruesas cicatrices empezaron a tensar mis articulaciones. Por eso debía estar atado a la cama con los brazos en cruz y brazos y piernas totalmente extendidos. Si la piel se contraía, mi movilidad se vería afectada o incluso podía pasar el resto de mi vida en posición fetal.

Para evitarlo, debía realizar estiramientos. Necesitaba hacer fisioterapia.

Cada día, Maureen y Brenda aparecían en mi habitación, me desataban, me desconectaban de las máquinas y me sentaban en una silla de ruedas. Salíamos de la habitación, incluso de la unidad de quemados, y recorríamos un pasillo hasta los ascensores. Pulsaban el botón marcado con una *B* y bajábamos al sótano. Nunca era una buena señal.

Entrábamos en la amplia sala de fisioterapia, me cogían en brazos con delicadeza y me posaban en una colchoneta amarilla. Rodeado de otros pacientes, las dos mujeres se dedicaban a estirar lentamente todas las articulaciones de mi cuerpo. Normalmente empezaban por los tobillos y los dedos de los pies. Su objetivo consistía en que mis articulaciones recuperaran tanta movilidad como fuera posible.

Trabajaban en cada articulación unos minutos.

Hacían una pequeña pausa.

La estiraban en la dirección contraria.

Otra pausa.

Y entonces pasaban a otra articulación. Y después a otra. Tobillos. Caderas. Brazos. Piernas. Todo el cuerpo.

Luego me daban la vuelta y reanudaban todo el proceso.

Era una tortura.

Al cabo de cuarenta y cinco minutos hacían un descanso. Levantaban mi débil cuerpo de la colchoneta y volvían a sentarme en la silla de ruedas. Recorríamos un pasillo, girábamos a la izquierda, abrían una puerta y cruzábamos el umbral. La habitación estaba llena de fregonas, cubos, escobas y productos de limpieza.

Era el cuarto de la limpieza.

Estaban a punto de embarcarse en la parte más difícil de mi terapia: los estiramientos de las rodillas. Si quería volver a andar algún día, tenía que doblar las rodillas. En aquellos momentos estaban totalmente rígidas.

Las fisioterapeutas me llevaban al cuarto de la limpieza por respeto, tanto a mí como a los otros pacientes. Para que pudiera llorar de dolor sin que nadie me viera. Y para no asustar a los demás.

Teníamos una rutina. Maureen se acercaba y me ponía una toalla en la boca para que pudiera morderla. Aseguraba los frenos de la silla de ruedas y me sujetaba con fuerza por la cadera. Entonces la otra fisioterapeuta, Brenda, se agachaba y empezaba a trabajar con mis rodillas.

He tenido hernias, huesos rotos, quemaduras, cambios de vendajes, abscesos infectados y celulitis. Me han amputado los dedos, estirado las articulaciones, sacado sangre de los tobillos y quitado piel del cuero cabelludo. He soportado todos los tipos posibles de dolor físico menos un parto natural (y mi mujer dice que si quiero un quinto hijo, esta vez tendré que pasar yo por el proceso). Sin embargo, en aquella terapia experimenté el dolor físico más intenso de toda mi vida.

Las fisioterapeutas se dedicaban a estirar una zona de piel completamente rígida, sin ningún tipo de flexibilidad. Articulaciones que se habían soldado de forma permanente. Y se lo hacían a un niño que, a pesar de morder la toalla, lloraba, gritaba y suplicaba que le dejaran en paz.

Recuerdo que las miraba a través de las lágrimas, que veía reflejado en sus rostros mi dolor. Recuerdo haber visto lágrimas en sus ojos y haber pensado: *¿Por qué estáis llorando? ¡Es a mí a quien estáis torturando!*

Aquellas fisioterapeutas fueron claves en mi recuperación.

Actualmente llevo una vida muy activa, y son muchas las personas que han hecho eso posible. Pero gran parte de la culpa la tienen aquellas dos terapeutas que se dedicaron a realizar ejercicios de estiramiento, en el cuarto de la limpieza de un sótano, mientras asistían angustiadas al sufrimiento de un niño para poder liberarlo de las cicatrices que lo limitaban.

Años después aún sigo emocionándome cuando pienso en ellas.

¿Cómo lo hicieron?

¿Por qué no tomaron el camino fácil?

¿Por qué no detenerse cuando el niño se quejaba?

Aquellas terapeutas sabían que su trabajo no era fácil. A nadie le gusta. Es doloroso. Es muy duro para todas las personas implicadas y en cualquier circunstancia. No es agradable estar en la posición del paciente, pero tampoco lo es desde la perspectiva del fisioterapeuta. No obstante, el dolor que debemos soportar hoy abre el telón a las posibilidades del mañana.

Los estiramientos facilitan el crecimiento.

El crecimiento siempre es doloroso.

Pero «el crecimiento es el único testimonio de la vida».

John Henry Newman fue un gran teólogo, un excelente pensador y un prolífico escritor. La anterior es una de sus citas más célebres. Piensa en ello. Crecer consiste en nuevas oportunidades, una nueva dirección, una relación en ciernes, un gran cambio, un nuevo trabajo, una conversación estimulante, una decisión arriesgada, el próximo capítulo de tu vida.

Crecer es el único testimonio de la vida.

Lo contrario también es cierto. El estancamiento es el primer paso hacia la tumba.

¿Estás preparado para la decisión número cinco?

La quinta elección que debes tomar para vivir una vida radicalmente inspirada es la siguiente: el crecimiento intencionado y la flexibilidad en todas las facetas de la vida son la mejor receta para evitar el estancamiento.

Cuando una pareja deja de hacer cosas juntos, deja de interesarse por el otro, deja de amar de verdad, deja de crecer junta, deja de perdonar continuamente, empieza a morir. No han dejado de quererse; han dejado de enamorarse.

Cuando una empresa deja de innovar, deja de hacer las cosas de otro modo, deja de invertir en la gente y deja de tener grandes sueños, deja de crecer y empieza a morir.

Cuando dejamos de preocuparnos por nuestra salud, cuando tomamos malas decisiones respecto a nuestra dieta, las adicciones o el ejercicio físico, elegimos la comodidad, dejar de crecer, recular lentamente. Esas decisiones nos alejan de la salud y la vitalidad. Y aunque el descenso pueda parecer imperceptible, con el tiempo conducen inexorablemente a la enfermedad y a la muerte.

La muerte rara vez se produce de la noche a la mañana. Es un debilitamiento progresivo. Aunque puede que los cambios sean sutiles, no te engañes: cuando elegimos dejar de crecer, estamos eligiendo empezar a morir.

En nuestra cultura actual, cuando las cosas se vuelven incómodas, solemos pensar que algo no funciona bien.

Sin embargo, yo sé por experiencia que debemos aprender a ver la incomodidad de otro modo. Puede ser una señal de que algo va *bien*. Puede ser la prueba de que estamos creciendo en una nueva dirección. El niño con la toalla en la boca se habría quedado de por vida atado a una cama, incapaz de andar, de no ser por Brenda y Maureen, de no ser por el cuarto de la limpieza.

Los pacientes sometidos a fisioterapia no son los únicos que obtienen beneficio de los estiramientos. Es probable que tú mismo hayas conseguido los mejores resultados cuando te encontrabas en una posición incómoda. Piensa en los mejores profesores que has tenido. Seguro que eran muy dinámicos, pero el principal motivo de que aprendieras tanto con ellos es que te hacían trabajar. Normalmente las cosas que se consiguen fácilmente no merecen la pena. Puede que esforzarse no sea divertido, pero puede resultar mucho más inspirador.

A menudo el auténtico crecimiento es ingrato, extremadamente doloroso y, a la larga, enormemente valioso.

SEGUIR CRECIENDO

La vida me sonreía.

Tras siete años de experiencia como constructor, por fin empezaba a dominar el negocio. Podía planificar un trabajo, dirigir a un equipo e incluso ganar algo de dinero. Por fin me sentía cómodo.

Mis operarios estaban rehabilitando un edificio histórico de apartamentos. Tenía los planos de la obra desplegados sobre el capó de mi camioneta. Revisaba con mi fiel capataz, Harold, la planificación del día y preparábamos una lista de materiales para el día siguiente.

Entonces sonó el móvil.

Era una mujer que dirigía un grupo de *girl scouts* de tercer curso. Ella y su hija habían leído el libro de mis padres, *Overwhelming Odds*, y ambas habían quedado profundamente afectadas por la historia. Me preguntó si estaría dispuesto a compartir mi historia con el resto del grupo.

Me alejé de Harold para refugiarme en la parte trasera de la furgoneta.

Se produjo un largo e incómodo silencio.

¿Quiere que les hable a las chicas?

—Exacto. Nos encontraremos después de clase, traeremos algo de picar, usted podrá hablar y las chicas le harán algunas preguntas. ¿Qué tal le va el próximo miércoles?

Otro silencio.

A estas alturas ya sabrás qué significó aquel momento para mí.

La llamada fue un punto de inflexión en mi vida.

En aquel entonces no parecía un momento demasiado importante; sólo exigía un sencillo sí o no a su proposición. Pero cuando sigas leyendo, comprenderás todas sus implicaciones. Me cambió la vida de forma radical.

Siempre intento mostrarme abierto a nuevas posibilidades. Me gusta ayudar a los demás. Intentar influir de un modo positivo. Probar nuevas comidas, nuevas experiencias. Conocer personas nuevas, ideas nuevas. Cuando te muestras receptivo y dices que sí, cada día aparecen ante ti más posibilidades de las que imaginas.

Sin embargo, en aquel momento cada célula de mi cuerpo me pedía que dijera que no.

Clavé la vista en el suelo. Me quedé mirando la tierra.

Entonces volví a levantar la mirada y vi mi edificio, los hermosos árboles y el reluciente cielo azul.

Respiré hondo y dije en un murmullo: *Sí, claro. Por supuesto. Parece una buena idea.*

Nos pusimos de acuerdo en la hora, ella me dio la dirección y colgamos.

Volví a mirar el edificio, mi camioneta, a Harold y dije en voz alta:

—Oh, mierda. ¿Por qué lo he hecho?

Sí, el libro de mis padres estaba en las librerías, pero jamás le había contado a nadie mi historia. Ni siquiera a mis mejores amigos de la escuela, el instituto o la universidad. Ni tampoco a los chicos con los que trabajaba a diario. Incluso con mi mujer apenas había tocado el tema del incendio. Ella había leído el libro, había llorado como un bebé y no podía creer todo lo que habíamos vivido, pero ahí había quedado todo. Era algo que pertenecía al pasado. Estaba superado. No nos definía. Nos gustaba nuestra vida tal y como era.

Y entonces tenía que pensar en la forma de compartir mi historia con un grupo de chicas… y no tenía la menor idea de por dónde empezar.

Afortunadamente, aún conservaba un manual de oratoria de la universidad. En la Universidad de San Luis debíamos hacer un curso para hablar en público antes de obtener el título de empresariales. En aquel entonces, la mera idea de hablar en público me aterraba. De modo que pospuse el curso tanto como pude. Finalmente, en el segundo semestre del último curso no pude retrasar más lo inevitable. Era entonces o nunca.

El profesor llegó a clase impecablemente vestido. Su pelo era tan perfecto e inalterable que estaba convencido de que iba a la peluquería cada día antes de ir a clase. Tenía una voz profunda y grave que llenaba la sala en la que hablaba. De él aprendí que las exposiciones orales pueden educar, inspirar, comprometer, motivar e incluso transformar a la audiencia. Podría haber convencido a cualquiera de cualquier cosa. Sin embargo, no pudo convencerme de que algún día sería un buen orador.

Los días que me tocaba hacer una presentación ante la clase, fingía estar enfermo. Y cuando la hacía, leía de una hoja doblada para no tener que mirar a mis compañeros a los ojos. No sabía si algún día aprobaría la asignatura.

El último día de clase el profesor me preguntó si podía hablar conmigo brevemente. *Oh, oh.*

Fuimos hasta su despacho, me entregó el trabajo final del curso, me miró a los ojos y me dijo:

—O'Leary, has sacado un suficiente. Escúchame bien: te he puesto un suficiente porque te quiero. ¡Ahora licénciate!

De modo que, tras aceptar la proposición de la monitora de las *girl scouts,* me puse de los nervios.

Tardé más de cuarenta horas en preparar aquella primera charla. Por las mañanas le decía a Beth que tenía un día muy ajetreado y que llegaría tarde a casa; después les decía a mis empleados que tenía varias reuniones y que estaría fuera todo el día. Detenía el coche en un aparcamiento y me quedaba sentado dentro escribiendo, ensayando, grabando y escuchando la presentación.

Durante una semana.

Para una charla de quince minutos.

¡A un grupo de chicas de tercero!

Aquel miércoles me levanté temprano. Conduje hasta un aparcamiento abandonado y practiqué solo durante varias horas. Llegué a la escuela sobre la hora de la comida para inspeccionar el lugar. Siempre es recomendable conocer el territorio de tu enemigo; saber a qué te enfrentas.

Volví a casa. Me duché. Me puse traje y corbata. A las tres y cuarto llegué a la escuela, abrí la puerta del coche, lo rodeé, me agaché como si fuera a atarme el zapato y vomité. La inmensa presión de tener que hablar en público me revolvía el estómago.

Una vocecita dentro de mí me susurró: *¿Qué estás haciendo? Vuelve a casa. Esto es una estupidez, y tu historia también.*

Pero me levanté. Me metí en la boca un chicle, me encaminé hacia la escuela y alcancé la puerta. La vocecita seguía susurrándome: *En realidad no quieren escucharte. ¿Y si se aburren? ¿Y si te lanzan samoas de coco? Sé listo. Da la vuelta. Lárgate de aquí.*

Punto de inflexión. Tenía dos opciones. Volver al coche y poner alguna excusa o atravesar aquella puerta.

A lo largo de mi vida he aprendido que podemos mostrar coraje o refugiarnos en la comodidad. Pero no se pueden tener las dos cosas a la vez. Aunque la comodidad esté de moda, la valentía salva vidas. Mis hermanos me lo demostraron el día del incendio. Lo noté cuando el enfermero Roy cargaba conmigo por el pasillo. Lo vi en los ojos de mis fisioterapeutas en el hospital. Y lo oí en boca de Glenn Cunningham cuando vino a verme.

Ignoré la voz, agarré el pomo de la puerta, levanté la cabeza y entré en la escuela.

Las chicas estaban sentadas en sus pupitres, con zumos y refrigerios delante de ellas. La monitora me presentó. Desde detrás de la mesa de la profesora, les conté mi historia, leyendo e improvisando. Mi voz sonaba monótona y algo temblorosa. Me trabé con algunas palabras y perdí el hilo varias veces. La charla no fue precisamente perfecta. Cuando terminé, las chicas me hicieron algunas preguntas, me aplaudieron amablemente y se pusieron en fila para abrazarme antes de salir del aula.

Mi primer discurso.

No me pagaron. No hubo algarabía. Ni siquiera me regalaron una caja de galletas.

Pero aquella llamada, aquella charla, me cambió la vida de forma radical. Y todo porque me atreví a levantar la mirada, a afrontar con valentía lo que la vida me ofrecía y a sentirme incómodo.

¿Y SI...?

Aquel mismo año conté la historia de mi vida dos veces más.

Una escuela católica me invitó para que hablara frente a los alumnos de cuarto y el Rotary Club de mi localidad hizo lo propio para oírme hablar durante un almuerzo.

A medida que el libro de mis padres se hacía más popular, cada vez eran más los grupos interesados en escuchar mi historia. Hice todo lo posible por aceptar todas las invitaciones. El siguiente año di trece charlas. Algunos de los organizadores incluso me «pagaron». Un cliente me regaló una tarjeta para poner gasolina, otro una tarjeta para el café y el tercero, una bolsa de palomitas. ¡Aquello empezaba a dar sus frutos!

No, nadie me confundía aún con Tony Robbins. Sin embargo, con cada nueva conferencia, conseguía refinar más mi estilo y mostrarme más seguro de mí mismo. Cada día estaba más convencido de que aquélla era mi auténtica vocación.

Aunque sólo con palomitas no iba a poder pagar las facturas, después del primer año, y tras comprobar el impacto que mi historia podía tener sobre la gente, sentí la necesidad de hacer algo más que simplemente responder a la gente que quería oírme hablar. Creí que era el momento de buscar de forma proactiva oportunidades de compartir mi historia, en pocas palabras, de crear un negocio para ofrecer mis servicios.

Como estaba un poco perdido, contraté los servicios de una empresa de *marketing* para que me ayudara con el nombre, el logo y la página web.

Compré el dominio de Internet. Creamos una sociedad anónima. Hicimos tarjetas corporativas. En definitiva, todos los elementos que constituyen un negocio real.

Cuando montas un negocio, los gastos suelen dispararse. El alquiler de la oficina, ordenadores portátiles, *software,* líneas telefónicas, *marketing* y, si tienes la intención de crecer, personal.

Muy al principio conocí a la candidata ideal para trabajar conmigo, pero en aquel momento no me podía permitir pagar otro sueldo. La persona en cuestión me pidió exactamente el mismo sueldo que había estado cobrando hasta entonces. Revisé mi libro de contabilidad, pero no tenía forma de pagarle.

Tres días después de la primera entrevista, recibí una carta en la que me agradecía el café, el tiempo y la consideración. Terminaba con una cita de Abraham Lincoln: *Determina que algo puede y debe hacerse y ya encontrarás el modo de hacerlo.*

Volví a leer la carta.

De acuerdo, pensé. *Me lo pensaré.*

Y lo hice.

Recé. Pregunté a algunos amigos qué harían ellos en la misma situación. Y lo hablé con Beth.

Consideramos la posibilidad de que el negocio fracasara, acabar endeudados y tener que hipotecar la casa. Hicimos una lista con todos los escenarios posibles, los más optimistas y los más pesimistas. Llegamos a la conclusión de que sólo había una cosa peor que fracasar; no realizar ninguna inversión y el día de mañana preguntarse «¿Y si...?».

¿Y si nos hubiéramos arriesgado? ¿Y si pudiéramos haber crecido? ¿Y si hubiéramos podido inspirar a otras personas para que también compartieran su historia? ¿Y si realmente era mi vocación?

Verás, es muy importante levantar la mirada y vislumbrar las oportunidades que tienes ante ti. Pero aún lo es más atreverse, tomar el camino difícil y, probablemente, fracasar en el intento.

Cualquier visión es inútil sin el coraje para asumir riesgos y lanzarse a la acción.

Para alcanzar el objetivo debes lanzarte. Es algo muy parecido a los primeros e inseguros pasos que di con la ayuda de mis terapeutas. Me ayudaban a ponerme de pie, me soltaban lentamente y me animaban a poner un pie delante del otro. Con cada paso que daba, por muy doloroso e inestable que fuera, sacrificaba mi comodidad para poder ganarle a la vida una nueva oportunidad.

¿Era éste otro momento como aquél?

Sí.

Por tanto, contraté a Deanna.

Si el negocio no terminaba de cuajar, iba a estar en una posición muy incómoda. Cambié las botas, los vaqueros y el cinturón de herramientas por los zapatos, el traje y un portátil. En 2007 vendí mis propiedades inmobiliarias para centrarme exclusivamente en dar conferencias. Tuve miedo. Me entró vértigo. Era una partida al todo o nada.

Y fue la mejor decisión profesional de mi vida.

El primer año después de contratar a Deanna, el negocio triplicó los ingresos. Y cada año hemos seguido creciendo. Nos hemos mudado a unas nuevas oficinas y hemos incorporado a compañeras maravillosas como Molly, Abby y otros empleados a lo largo de estos años. El pequeño y húmedo despacho de un solo escritorio se ha convertido en un negocio con unos objetivos definidos. Durante los últimos siete años, gracias al duro trabajo de mi equipo, he tenido el honor de hablar frente a más de medio millón de personas, tanto en EE. UU. como en todo el mundo. Seguimos convencidos de nuestra misión, nuestro trabajo y nuestro deseo de que otras personas también tengan vidas inspiradas.

Cuando fundé *Rising Above* tenía veintiocho años. La vida me sonreía. No necesitaba ningún desafío que me colocara en una situación incómoda.

La comodidad está de moda, es el camino fácil, es la moneda de cambio de muchas personas.

Pero para seguir creciendo y descubrir la magia debemos tomar el camino más audaz. El coraje es el mejor alimento tanto en las relaciones sociales como en las profesionales o sentimentales. Es el terreno donde las vidas se transforman. Empezando por la tuya.

UNA VOZ DEL PASADO

Durante cuatro terribles días del mes de abril de 2011, 355 tornados afectaron amplias zonas del país, desde Texas a Nueva York. Alabama fue uno de los lugares más afectados, pues más de 200 tornados barrieron el estado. Se convirtieron en las tormentas más destructivas de la historia de Alabama. Murieron 238 personas, los daños ascendieron a miles de millones de dólares y comunidades enteras quedaron devastadas.

A medida que las comunidades empezaban lentamente a retirar los escombros, la compañía eléctrica de Alabama se enfrentó al desafío de reconstruir la red de suministro. Para lograr semejante hazaña, toda la compañía debía comprometerse en la tarea.

Me invitaron a hablar con las diversas secciones de la empresa con el objetivo de fomentar la seguridad, el trabajo en equipo, para que mantuvieran la concentración en sus diversas tareas y recordarles que, a pesar de la terrible tormenta, los mejores días de su vida estaban aún por llegar.

Después de dar más de treinta charlas por todo el estado, me enamoré de la compañía eléctrica de Alabama, de sus empleados y de la maravillosa comunidad a la que servían.

Tras pasar buena parte del verano con ellos, preparé con emociones encontradas la última conferencia. El acto tuvo lugar en un bonito hotel a las afueras de Eufaula, Alabama. Llegué tarde, trabajé un poco y me acosté. Nada fuera de lo normal.

A la mañana siguiente, después de la presentación final, Keith subió al escenario. Keith era el hombre que me había acompañado en la gira de charlas y que se había convertido ya en un buen amigo. Me abrazó y me dio las gracias. Mientras volvía a mi asiento, oí que decía con su fuerte acento sureño:

—Colega, vuelve al escenario.

Pese a no tener la menor idea de lo que iba a pasar a continuación, le obedecí. Cuando llegué a su lado, me quedé mirándolo.

—Colega –dijo–, todo este verano has sido un rayo de luz en nuestra oscuridad. Queremos devolverte un poco de esa luz. Colega, queremos hacer algo por ti.

Keith sostenía una docena de rosas.

Me las entregó.

Guau, gracias, Keith.

Entonces añadió:

—Colega, compórtate como un buen hijo y regálaselas a tu madre.

Mamá y papá hicieron su aparición tras una cortina situada en la parte posterior de la sala.

No podía creerlo. Mi padre ya no viaja mucho por culpa del párkinson. Y aunque mi madre aprovecha cualquier oportunidad para tomarse unas vacaciones, debido a la enfermedad de mi padre apenas lo hace. Mientras se dirigían al escenario, cientos de operarios de la compañía se pusieron en pie.

Abracé a mis padres, le entregué las flores a mi madre y le di las gracias a Keith. Fue una sorpresa maravillosa.

Keith continuó:

—Verás, al ver cómo caminabas hacia tus padres he recordado la historia que nos contaste sobre el fornido enfermero que tuviste cuando eras pequeño. ¿Cómo se llamaba?

¿Te refieres al enfermero Roy?

—Ah, eso es. ¿Cómo era aquello que siempre te decía Roy?

Chaval, vas a volver a caminar. Yo te ayudaré.

Keith se rascó la cabeza y dijo:

—¿Cómo has dicho?

Levanté un poco más la voz: *Chaval, vas a volver a caminar. Yo te ayudaré.*

—No, colega. Seguro que no lo decía así. Apostaría algo a que sonaba más parecido a esto.

Oí el sonido de un micrófono encendiéndose. Una voz atronadora llenó la sala:

—Chaval, vas a *volver* a caminar. Estoy orgulloso de haberte ayudado.

Me di la vuelta, conmocionado.

Se abrió una cortina en la parte posterior de la sala y entonces le vi. No le veía desde hacía veinticuatro años. ¡El maldito enfermero Roy!

No había envejecido. Seguía pareciéndose a Apollo Creed.

Empecé a caminar por el pasillo central hacia él. La audiencia se puso de pie y empezó a aplaudir.

Había mantenido el contacto con muchos enfermeros, enfermeras y médicos que me habían atendido durante mi estancia en el hospital. En mi boda llené una mesa entera con aquellos amigos. Sin embargo, Roy había dejado el hospital poco después de que me dieran el alta y nunca había podido dar con él. La compañía eléctrica de Alabama había conseguido localizar a una de las personas claves de mi vida. Contactaron con él, le explicaron lo que contaba de él y le preguntaron si podía viajar hasta allí para volver a reunirse conmigo.

Al parecer había aceptado la invitación porque en aquel momento me estaba dando un enorme abrazo.

Me quedé sin palabras.

Los ojos se me llenaron de lágrimas.

Menudo momento.

Aquella noche mamá, papá, Roy y yo cenamos juntos. La última vez que lo habíamos hecho yo estaba bajo los efectos de la morfina, atado a una cama y un tubo me proporcionaba la comida directamente en el estómago. Ahora estábamos sentados en la misma mesa, rodeados de mis nuevos amigos de la compañía eléctrica de Alabama, celebrando aquella maravillosa reunión y absolutamente ebrio de alegría. Fue una noche que jamás olvidaré.

Hacia el final de la velada, Roy y yo nos quedamos unos minutos solos para charlar. Hablamos de los días que pasé en el hospital, de los brutales cambios de vendajes y de los paseos diarios hasta la ducha. Recordamos a las enfermeras difíciles y a los viejos amigos. Nos pusimos al día sobre aquellos últimos veinticuatro años. Le hablé de mi familia; él me habló de la suya. Entonces se inclinó y me dijo:

—Sabes una cosa, John, me sorprende que hayas hecho tantas cosas en la vida.

No era la primera vez que alguien expresaba en voz alta aquella idea. Los profesores del instituto también me lo habían dicho en numerosas ocasiones. Pero aquella vez me lo tomé como un cumplido. Verás, cuando alguien sufre un accidente como el mío de niño, a veces consigue salir del hospital, pero pocas veces consigue volver a la vida. El viaje emocional es demasiado doloroso. Entendí perfectamente a qué se refería Roy.

—Gracias, Roy –contesté.

—¿Sabes lo que me sorprende aún más?

Negué con la cabeza.

—¡Que te pudieras casar con una mujer tan guapa! –dijo riéndose entre dientes.

—Guau. Gracias, Roy. ¡Me alegro de que te encontraran!

Nos reímos juntos.

—John –insistió–, ahora en serio, ¿sabes lo que más me sorprende de todo esto? ¿De la cena, la reunión y todo lo demás?

—¡Creo que prefiero no oírlo, Roy!

—Pues lo voy a decir de todos modos.

Dio un sorbo a su vaso de agua con hielo. Me miró a los ojos. Hizo una larga pausa antes de continuar:

—Descubrir que, después de veinticuatro años, mi trabajo sirvió de algo. John, yo hacía mi trabajo, me encantaba hacerlo, adoraba a mis pacientes. Pero hasta hoy no he comprendido que hice algo importante.

—Lo hiciste, colega. Lo hiciste. –Tragué saliva. La emoción me estaba jugando una mala pasada. Pero había llegado el momento de decirle a Roy lo que había significado su trabajo para aquel niño de nueve años–. Roy, quería a mis enfermeras. Todas se portaron muy bien conmigo. Aunque, en honor a la verdad, algunas hablaban entre ellas sobre mi muerte. En realidad no tenían mucha esperanza. Pero tú, Roy, entrabas en la misma habitación, donde estaba el mismo niño quemado, me cogías en brazos y básicamente me gritabas: «¡Olvídate de la muerte! ¡Chaval, vas a caminar!». Roy, me cambiaste la vida. Sí, tu trabajo fue decisivo. Jamás te olvidaré.

Qué recordatorio tan increíble, no sólo para un niño ingresado en la sección de quemados de un hospital, sino también para cada una de las personas que se esfuerzan en su trabajo, que luchan por recuperar la salud, la fe, las amistades o la vida. Vas a vivir. Vas a caminar. Y yo te ayudaré a conseguirlo.

Levanta la cabeza.

Sigue caminando.

ESTANCAMIENTO FRENTE A CRECIMIENTO

La persona más patética del mundo es aquella que, pudiendo ver, no tiene ninguna visión.

—Hellen Keller

¿Qué puedes conseguir realmente en la vida?

Ésta es una pregunta imposible de responder si mantienes la vista clavada en el suelo. Éste es tu punto de inflexión. La ansiedad y el miedo te mantendrán paralizado. *¿Y si fracaso? ¿Y si soy demasiado mayor? ¿Y si no vuelvo a caminar nunca?* Si miras hacia abajo, sólo verás tus zapatos, el suelo; lo único que sentirás será desánimo, dificultades. Sin embargo, si quieres, puedes levantar la mirada, empezar a moverte y descubrir que la vida ofrece infinitas posibilidades en cada instante.

Hoy es tu día. Vuelve a ponerte la capa. Recuerda todas las posibilidades que anidaban en tu corazón cuando eras niño. Atrévete a volver a soñar.

¿Y si esto no es más que el comienzo? ¿Y si salgo adelante? ¿Y si puedo influir de forma determinante en la vida de los demás? ¿Y si me esfuerzo a diario de una forma activa? ¿No crees que ha llegado el momento de arriesgarlo todo para empezar a construir algo, para inspirar a los demás y convertirte en alguien mejor? ¿No crees que ha llegado el momento de esforzarte con valentía para alcanzar las infinitas posibilidades que te ofrece la vida? ¿No crees que ha llegado el momento de ponerte en movimiento, empezar a soñar y a crecer? El crecimiento es el único testimonio de la vida.

Elige el crecimiento.

Haz pequeños actos de bondad allí donde estés.
Todos esos pequeños actos, sumados,
son lo que arrollan al mundo.

—*Desmond Tutu*

6

¿QUÉ MÁS PUEDES HACER?

Una sola vida puede cambiar el mundo.

Pasó ayer.

Estaba tendido en la cama del hospital.

No podía moverme. (Estaba atado a la cama).

No podía hablar. (El respirador me lo impedía).

No veía nada. (Tenía los ojos tan hinchados que no podía abrirlos).

Estaba a oscuras, muy asustado y sentía dolor.

Pero también soñaba, tenía esperanza y rezaba.

Y escuchaba.

Con toda mi atención.

Oigo todo lo que pasa a mi alrededor. No puedo hacer mucho más, de modo que es lo que hago. Escucho.

Y en éstas que escuchando, me llevé una gran sorpresa.

Verás, me encantan los deportes. Todos los deportes. Pero sobre todo el béisbol. Los Saint Louis Cardinals son mi equipo favorito. Aunque me encanta ver los partidos, no podemos ir demasiado a menudo al estadio.

Y por televisión sólo dan unos cuantos partidos al año.

Por tanto, en nuestra casa no vemos los partidos con los ojos. No. Los vemos con los oídos.

Los escuchamos por la radio.

Escuchamos la retransmisión de los locutores.

Escuchamos a un tipo que se llama Jack Buck. Él es la voz de los Saint Louis Cardinals. Lo escucho todo el verano. Él me cuenta todo sobre los Cardinals. Es la voz que sigue hablándome en la cama mucho después de haberme quedado dormido. Y aunque no le conozco personalmente, ¡lo adoro!

Y también es el tipo que ayer se presentó en mi habitación.

En serio. Jack Buck me visitó en el hospital.

No pude verle.

Pero no me hizo ninguna falta.

Estaba tendido en la cama, escuchando los pitidos que emitían las máquinas que me mantenían con vida cuando oí cómo se abría la puerta.

Pasos.

Cómo alguien arrastraba una silla.

Y se aclaraba la garganta.

—Despierta, chaval.

Reconocí la voz inmediatamente.

Era Jack Buck.

—Escúchame. Vas a vivir, ¿lo entiendes? Vas a sobrevivir. Y cuando salgas de aquí, ¡vamos a celebrarlo en el estadio! Lo llamaremos el Día de John O'Leary.

¿Jack Buck en mi habitación? ¿Hablando conmigo? ¡No podía creerlo!

—Chaval, ¿me estás escuchando?

Aunque apenas podía mover nada, me esforcé por asentir levemente con la cabeza. Quería que supiera que le estaba escuchando.

Debió de darse cuenta porque dijo:

—Bien.

No volvió a decir nada en un buen rato. Pensé que se había marchado. Entonces le oí decir:

—Sigue luchando, chaval.

Oí cómo volvía a arrastrar la silla, pasos que se alejaban y la puerta cerrándose. Jack Buck se había marchado.

Fue una visita breve.

Cuando se hubo marchado, yo seguía atado a la cama, los ojos cerrados, incapaz de moverme, de hablar, de hacer nada.

¡Pero me sentía completa y absolutamente feliz!

¡Sí, íbamos a celebrar una fiesta! ¡El Día de John O'Leary en el estadio! Me gustaba cómo sonaba.

Eso pasó ayer. Y desde entonces no he podido dejar de pensar en esas palabras, esa promesa y esa voz.

De hecho, hoy no puedo pensar en otra cosa. Sí, el dolor sigue siendo intenso.

Sí, aún oigo los pitidos de las máquinas y la respiración a lo Darth Vader del respirador. Pero ya no estoy centrado en eso. No puedo dejar de pensar en la visita al estadio y el día en mi honor.

Entonces oigo cómo se abre la puerta.

Pasos que se acercan.

El sonido de una silla rozando el suelo de la habitación.

Una tos.

Y luego oigo una voz.

—Despierta, chaval. ¡Ya estoy aquí otra vez!

¡Oh, Dios mío! Ha vuelto.

—Chaval, escúchame. Vas a vivir, ¿lo entiendes? Vas a sobrevivir. Y cuando salgas de aquí, vamos a celebrarlo en el estadio. Lo llamaremos el Día de John O'Leary. Sigue luchando, chaval.

Una larga pausa.

Y entonces oigo:

—Hasta pronto.

El sonido de la silla alejándose de la cama.

De la puerta al abrirse.

Vuelvo a estar solo. En la habitación sólo se oye el pitido de las máquinas.

Bip. Bip. Bip.

Todo sigue estando a oscuras.

Sigo atado a la cama.

No puedo moverme.

No veo nada.

No puedo hablar.

Estoy solo.

Sólo puedo pensar en una cosa: ¡cuando mis amigos se enteren de esto!

~ ~

Jack Buck me cambió la vida.

Entró en ella pocos días después del incendio.

Las posibilidades de sobrevivir eran escasas. Debido al alto riesgo de infección, los únicos que podían entrar en la habitación eran el personal sanitario y mis padres. La regla número uno era: no puede recibir visitas.

Eso cambió el día que Jack Buck apareció en la unidad de quemados preguntando por un niño que había sufrido graves quemaduras el fin de semana anterior. El personal de la planta lo consultó con mis padres, recordándoles que cualquier visitante podía introducir una infección. Pero un locutor del Salón de la Fama que su hijo pequeño idolatraba, de quien no se perdía una sola palabra durante la temporada de béisbol, también podía introducir algo de esperanza. Mis padres tomaron la decisión de permitirle visitarme.

No me conocía, ni a mí ni tampoco a mi familia. Simplemente se había enterado de que un niño de la comunidad había sufrido graves quemaduras, que se enfrentaba a un sombrío futuro y que necesitaba un poco de ánimo. Eso fue suficiente para Jack.

Se desinfectó las manos, se puso la bata y entró en la habitación, en mi vida.

Jack no estaba preparado para los pitidos de las máquinas, ni para las lucecitas, ni el sonido borboteante del respirador, ni para el niño tendido en la cama y cubierto literalmente de pies a cabeza con vendajes. Más tarde descubrí que su primera visita había sido tan corta porque la emoción le había dejado sin habla. Después de decirme que siguiera luchando, salió de la habitación, se quitó la bata y rompió a llorar en el pasillo.

Una enfermera se acercó para confortarlo. No todos los días recibían la visita de una persona famosa en la unidad de quemados. ¡Y evidentemente no podían permitir que la persona más famosa de San Luis se viniera abajo en mitad del pasillo!

La enfermera le preguntó si se encontraba bien.

Jack le respondió que no estaba seguro. Le preguntó si el niño se recuperaría.

La enfermera negó con la cabeza y le detalló la gravedad de mis heridas. Entonces añadió:

—Señor Buck, lo siento, pero no hay ninguna posibilidad. Ha llegado su momento.

Jack se marchó del hospital con aquella información.

Había hecho una buena obra. Había visitado a un niño moribundo en el hospital. No me debía nada.

Había hecho más de lo que se esperaba por mí.

Había aprendido que hay montañas demasiado escarpadas; aquel niño no iba a sobrevivir. No había ninguna posibilidad.

Ni una.

Y a pesar de todas las razones para perder la esperanza y seguir con su vida, Jack regresó al día siguiente.

Durante mi estancia en el hospital se consolidó una amistad poco probable. Jack me visitó varias veces, habló de mí por la radio y, en cuanto me permitieron recibir visitas, me envió a jugadores profesionales de baloncesto, fútbol americano y *hockey*. Jack hizo todo lo que pudo para levantarme el ánimo, para que siguiera luchando por el Día de John O'Leary en el estadio.

En mis días más sombríos y aterradores, la voz de un hombre arrojó un poco de luz en la oscuridad. Su visita me dio una promesa a la que aferrarme. Su voz me dio esperanza.

Y Jack tuvo la oportunidad de influir de tal modo en mí porque una persona le contó mi historia.

PRENDER LA MECHA

El fuego es el elemento más destructivo de la naturaleza.

Las llamas lo barren y consumen todo a su paso. Todo queda chamuscado, no se salva nada.

En 2007, el incendio de Buckweed se inició en una pequeña comunidad rural situada al norte del condado de Los Ángeles. El fuerte viento y el bajo nivel de humedad hicieron que se propagara rápidamente. Un único incendio conllevó el desalojo de 15.000 personas, destruyó cientos de estructuras y consumió más de 150.000 kilómetros cuadrados. Y todo empezó con un niño jugando con una cerilla. Ése es el impacto que puede provocar una sola persona que toma una mala decisión.

Sin embargo, una sola chispa también puede desencadenar algo positivo.

El fuego es una fuente de calor, lo utilizamos para cocinar, calentar nuestros hogares y hacer barbacoas. Templa el acero, crea el vidrio y mueve motores. Y en la naturaleza, a pesar de la destrucción inicial, es indispensable para que los bosques prosperen.

El fuego elimina la madera seca, despeja la maleza, fertiliza la tierra con nutrientes, abre las semillas y favorece el crecimiento. Algunas semillas necesitan el fuego para reblandecer la cáscara exterior después de caer al suelo y así poder arraigar y crecer. Sólo un año después de un devastador incendio forestal, la vida vuelve a abrirse paso. Una década después, el bosque recupera todo su esplendor.

Ése es el poder de una sola chispa: puede prender y reconducirse, puede servir para dejar huella en los demás y también puede desencadenar un infierno en la tierra.

El día que me quemé, la noticia del incendio y de las aparentemente escasas posibilidades de supervivencia que tenía corrieron como la pólvora.

Muchos años antes de la omnipresencia de las redes sociales, la tragedia se hizo viral en nuestra comunidad. Los primeros en enterarse fueron nuestros vecinos, amigos y familiares. Éstos se lo contaron a otras personas, animándolas a actuar y rezar por una familia que había perdido la casa y, muy probablemente, a un hijo.

En un ejemplo de cómo se puede cambiar una vida, el vecino de al lado llamó a un amigo, éste se lo contó a un amigo y éste, a su vez, compartió la noticia con Colleen Schoendienst, su vecina. El fuego se avivó cuando ésta llamó a su padre para pedirle que rezara por un niño de su comunidad.

Aquella llamada me cambió la vida.

Aquella misma noche, el padre de Colleen, Red Schoendienst, una leyenda del béisbol, asistió a una gala benéfica. En ella, se sentó junto a su amigo Jack Buck y le mencionó que un niño había sufrido graves quemaduras aquella mañana y que nadie esperaba que sobreviviera.

Eso fue todo lo que le dijo.

Pero fue suficiente.

El impacto que puede tener una pequeña chispa es impredecible. A veces las acciones, las palabras o las obras más intrascendentes pueden transformar una vida.

Sin duda, la mía cambió gracias a las breves pero estimulantes visitas de Jack Buck.

Pero, en realidad, no fue sólo Jack, ¿a que no?

Fue también culpa de Red.

Si no le hubiera contado a Jack lo del incendio, éste nunca lo habría sabido, ni me habría visitado, ni me habría inspirado. De modo que el mérito debemos atribuírselo a Red.

Bueno, de hecho, tampoco fue sólo cosa de Red, ¿verdad?

Fue por Colleen.

Fue ella quien llamó a su padre para contarle lo del incendio. Red se enteró gracias a ella, e indirectamente, Jack también supo de mi existencia por culpa de Colleen. Estoy vivo gracias a ella.

¿Verdad?

¿O gracias a su vecina?

¿O al amigo de ésta?

¿O a mi vecino de al lado?

A menudo subestimamos nuestra capacidad de provocar cambios radicales, de ser la chispa que enciende el fuego y transforma de un modo radical la vida de los demás.

Cada uno de nosotros poseemos la capacidad y la oportunidad de provocar cambios positivos y permanentes en las personas que nos rodean.

Las acciones más sencillas y la gente normal cambian el mundo.

Todo empieza con una sola persona.

Empieza contigo.

Pero debes estar alerta.

UNA PREGUNTA SENCILLA

La respuesta tendría que haber sido inmediata.

Acababa de dar una conferencia en una sala llena de educadores. Mientras conocía a los profesores y firmaba libros, se acercó una mujer de cuarenta y tantos, se presentó y me dio un abrazo. Me entregó un ejemplar de mi libro para que se lo firmara. Escribí su nombre, una nota de ánimo, lo firmé y se lo devolví.

La mujer me miró fijamente a los ojos, después miró mis manos y entonces me preguntó:

—¿Cómo has aprendido a hacerlo? ¿Cómo has aprendido a escribir? *¿Tienes un minuto?*

Ella asintió y le conté cómo había aprendido a escribir pese a no tener dedos.

Un mes después de salir del hospital, la familia al completo montó en la furgoneta. Mamá y papá delante y los seis niños vestidos de rojo en la parte trasera. Era la primera hora de la tarde y hacía calor; la espalda se nos pegaba a los asientos rojos de vinilo mientras nos dirigíamos hacia el centro de la ciudad. Era el día que habíamos estado esperando desde que Jack Buck entrara por primera vez en mi habitación. Hoy era el Día de John O'Leary en el estadio. ¡Aquello iba a pasar a la historia!

Jack nos recibió delante de la puerta de la prensa y empujó personalmente la silla de ruedas para entrar en el estadio. Me condujo por las entrañas de éste, por un corto pasillo en el que había algunos ujieres y jugadores. Giramos a la izquierda y el estrecho túnel desembocó en el banquillo. Tres escalones más arriba se distinguía el verde reluciente del césped artificial, los asientos rojos y el terreno de juego. Papá y Jack subieron la silla de ruedas los tres escalones y salimos al campo.

El equipo visitante estaba calentando. Me quedé con la boca abierta ante la vista del estadio desde el terreno de juego.

Entonces Jack volvió a empujar la silla y regresamos al sombrío túnel, pasamos frente a un grupo de policías y ujieres y entramos en una sala con un cartel en la puerta que rezaba SEDE DE LOS SAINT LOUIS CARDINALS. Dimos la vuelta a la sala mientras Jack me presentaba personalmente a todos y cada uno de los jugadores. No sólo conocí a mis ídolos de infancia, ¡lo hice mientras estaban totalmente desnudos! ¡Era como estar en unos baños turcos! Se estaban cambiando para el partido y, pese a la presencia de un niño en su espacio sagrado antes del partido, actuaron con absoluta naturalidad y cortesía.

Fue una experiencia que jamás olvidaré.

Después tomamos el ascensor para subir a la tribuna vip. El club se portó de un modo muy generoso con mi familia.

Acompañaron a mamá y a mis hermanos a un palco frente a la primera base.

Jack nos llevó a papá y a mí a su oficina, a la cabina del locutor situada justo detrás del puesto del bateador. Desde allí, teníamos una vista panorámica del estadio. En la cabina había dos zonas de asientos, una en primera fila y otra cinco escalones más atrás. Aquella noche, en la primera fila estaba sentado el productor de la cadena, un locutor llamado Mike Shannon, otro llamado Jack Buck y un niño de nueve años sentado en una silla de ruedas, con la piel de color rojo brillante, los brazos, piernas y cuello entablillados, vendajes en la mayor parte de su cuerpo, una gorra de los Cardinals en la cabeza y una amplia sonrisa en el rostro.

El Día de John O'Leary en el estadio se desarrolló exactamente como siempre había soñado.

Después de casi cuatro horas de partido, los Cardinals ganaron el partido por un *home run* en la entrada extra.

Volví a casa con ocho vasos de plástico vacíos. Volví a casa con muchos recuerdos: pelotas, sudaderas y bates. Y volví a casa con una cinta de la locución en la que Jack me ponía en bandeja hermosas preguntas a las que yo respondía con monosílabos que sería mejor olvidar.

—Bueno, ha llegado el día que todos estábamos esperando. Después de una larga batalla en el hospital, mi pequeño amigo se encuentra lo suficientemente bien como para estar con nosotros esta noche. Hoy es el Día de John O'Leary en el estadio y tengo a este valiente chico sentado a mi lado. John, ¿te lo estás pasando bien?

Hablé frente a un descomunal micrófono con voz aguda y nerviosa:

Sí.

—El pasado enero te quemaste en un incendio. Has pasado meses en el hospital y has superado decenas de operaciones. Seguro que te alegras de haber salido y estar de vuelta en casa.

Sí.

—Sé que te gusta mucho el béisbol y que eres un gran fan de los Cardinals. ¿Crees que este año ganaremos las Series Mundiales?

Sí.

Y la entrevista siguió por estos derroteros. Un momento de radio para la posteridad.

Pero ¿sabes qué? Jack no se centró en mis respuestas. Estaba más preocupado por algo mucho más importante.

Veía a un niño que no podía andar, ni utilizar los brazos ni su cuerpo, incapaz de usar sus manos. A medida que avanzaba la noche, Jack comprendió que aquel niño había sobrevivido, estaba de vuelta en casa, celebrando la vida en un campo de béisbol.

No obstante, la verdadera lucha no había hecho más que empezar.

Y decidió darme ánimos para que siguiera luchando.

Unos días más tarde recibí un paquete. Mi madre me ayudó a abrirlo. Envuelta en papel había una pelota de béisbol firmada por Ozzie Smith, un jugador de los Cardinals que había participado en el partido de las estrellas. Debajo de la pelota había una nota de Jack.

Chaval, si quieres otra pelota, tendrás que escribir una nota de agradecimiento al hombre que te ha firmado ésta. Tu amigo, Jack Buck.

¿Escribir una nota de agradecimiento?

A ver, ¿lo decía en serio?

No podía coger nada, menos aún un bolígrafo. ¿No había visto cómo mi padre sostenía el vaso mientras yo bebía los ocho refrescos?

Por supuesto que lo había visto.

A Jack Buck no se le escapaba ni una.

Y por eso me había enviado la pelota.

Mis padres llevaban un tiempo intentando convencerme de que volviera a escribir. Los terapeutas trabajaban conmigo para que volviera a escribir. Me recordaban una y otra vez que cuanto antes aprendiera a hacerlo, antes volvería a la escuela.

¿Pensaban realmente que aquello iba a motivarme? ¡La escuela no me gustaba!

Pero me encantaba el béisbol.

Por supuesto que quería otra pelota firmada.

Otro ejemplo de que cuando tienes un objetivo, puedes soportarlo todo.

Con las manos aún vendadas, le pedí a mamá que me ayudara a sostener un bolígrafo para escribir una nota de agradecimiento. Fue doloroso, no me salió a la primera y el resultado final era ilegible. Pero en la nota le daba las gracias a Ozzie por la pelota, estaba dirigida a él e incluí mi nombre.

Sin tener conciencia de ello, aquél fue un importante punto de inflexión en mi recuperación. Aquel día di el primer paso para volver a escribir, para regresar a la escuela, para recuperar la *normalidad*. Y en aquel momento pensaba que sólo servía para conseguir otra pelota.

Tres días después recibí una segunda pelota de béisbol con otra nota.

Chaval, si quieres una tercera pelota de béisbol sólo tienes que escribir una nota de agradecimiento. Tu amigo, Jack Buck.

—¡Mamá! ¡Ven aquí! ¡Rápido! ¡Y trae un boli!

Envié otra nota de agradecimiento.

Unos días después llegó otra pelota de béisbol.

Chaval, si quieres una cuarta pelota...

¡¿Ves lo que estaba pasando?!

Para cuando los Saint Louis Cardinals jugaron las Series Mundiales aquel octubre, un niño de San Luis había recibido sesenta pelotas y enviado sesenta notas de agradecimiento.

Unos cuantos meses después del Día de John O'Leary en el estadio, un «chaval» con múltiples quemaduras, sin dedos y sin ninguna posibilidad de supervivencia regresaba a la escuela.

Todo porque un hombre prestó atención.

Y después se hizo una pregunta sencilla pero esencial: *¿Qué más puedo hacer?*

Al hacerse aquella pregunta, descubrió posibilidades donde otros sólo veían limitaciones, se puso en movimiento mientras otros observaban distraídamente y se concentró en ayudar a alguien que lo necesitaba.

Esa sencilla pregunta le hizo pasar a la acción mientras estaba sentado en una gala benéfica y alguien le contó la historia de un niño que acababa de sufrir graves quemaduras. *¿Qué más puedo hacer? De acuerdo... iré a visitarlo.*

Esa sencilla pregunta le ayudó a perseverar cuando, durante su primera visita, el personal del hospital le aseguró que el niño no iba a sobrevivir. *Creen que no hay esperanza. Bueno, ¿qué más puedo hacer? De acuerdo..., volveré a visitarle para que crea que aún es posible.*

Esa pregunta le llevó a visitarme frecuentemente durante mi estancia en el hospital, a mantener la promesa del Día de John O'Leary en el estadio y a enviarme sesenta pelotas de béisbol. *¿Qué más puedo hacer?*

Aunque el hombre en cuestión tenía un trabajo emocionante, una vida familiar intensa y probablemente sus propios problemas, se tomó la molestia de preguntarse qué más podía hacer por aquel niño. Siempre le estaré agradecido.

¿A qué prestas tú atención? La mayoría de nosotros sólo estamos centrados en nuestros propios problemas. Comprobamos nuestra lista de tareas, nuestra cuenta corriente, los centímetros de nuestra cintura, nuestros hijos. Nos pasamos el día mirando el móvil, comprobando el correo electrónico y las entradas de Facebook.

¿Y qué hizo Jack?

Se fijó en los demás.

Prestó atención a lo que estaba ocurriendo a su alrededor.

No por el beneficio que podía obtener de la situación, sino por lo que podía aportar.

Ésa es la diferencia que hay entre una vida de éxito y una vida con propósito.

Es la diferencia que hay entre el triunfo rápido y la auténtica victoria.

LA AUTÉNTICA VICTORIA

Ya he mencionado antes a Glenn Cunningham.

Sí, el hombre que sufrió terribles quemaduras de niño, aprendió a caminar, empezó a correr, se convirtió en atleta olímpico y, muchos años después, me animó a no desfallecer jamás.

Bueno, si lees el artículo de la *Wikipedia* sobre él, no descubrirás mucho más. En él se cuenta cómo se produjo las quemaduras y el proceso de recuperación. Describe su progresión en el mundo del atletismo, desde el instituto, pasando por la universidad, los Juegos Olímpicos y culminando con el reconocimiento de mejor corredor del mundo. En el artículo se registran las carreras en las que participó, el lugar, la fecha y las marcas. Se menciona que se retiró en 1940. Pero, según mi parecer, los cuarenta y ocho años que van desde su última carrera hasta su muerte son el aspecto más destacable y portentoso de su vida; y probablemente de cualquier vida.

Verás, después de volver a casa de los Juegos Olímpicos, Glenn se casó y formó una familia en un gran rancho de Kansas. Él y su mujer, Ruth, tenían ya tres hijos cuando oyeron hablar de una familia rusa que había sido desplazada durante la Segunda Guerra Mundial. Glenn y Ruth hablaron largo y tendido sobre la familia en cuestión, sobre sus necesidades, y, poco después, los invitaron a vivir en su casa durante varios años.

Después de retirarse, Glenn empezó a dar charlas por todo el país. Era un hombre tan inspirador, fiel y con un sentido tan alto de la responsabilidad, que algunas personas que le habían escuchado empezaron a escribirle a su rancho agradeciéndole su tiempo, su historia, sus logros y su coraje. En una de aquellas cartas le explicaban la historia de un niño en apuros, un niño que se enfrentaba a terribles desafíos. Al final, el padre del niño le preguntaba: *¿Podría Tommy quedarse en su rancho por un tiempo?*

Glenn y Ruth ya tenían tres hijos. El rancho los mantenía muy ocupados y la vida en la carretera era frenética.

Pero también sentían cierta insatisfacción, pues estaban convencidos de que podían hacer más. Después de todo, tenían mucha tierra y una casa de doce habitaciones en la que sobraba espacio. Con algo de creatividad y frugalidad, decidieron que podían permitirse mantener a otro niño durante una temporada. ¿Qué mal había en tener a otro niño que ocupara una de las habitaciones vacías y formara parte de la familia?

De modo que dijeron que sí.

Glenn y Ruth demostraron ser unos padres y tutores excelentes. Con el tiempo, otras familias les escribieron pidiéndoles si su hijo podía quedarse en su rancho. La respuesta de los Cunningham siempre fue la misma: sí.

Poco después, los tribunales empezaron a enviar a jóvenes con problemas. Sin apenas darse cuenta, la casa de los Cunningham se había convertido en un hervidero de niños de todas las edades. Algunos se quedaban unos días o unas semanas. Otros pasaban todo el verano. Y otros vivieron con ellos durante años.

Con el tiempo, Glenn y Ruth llegaron a tener doce hijos. Sin embargo, jamás hicieron distinción alguna entre los niños que llegaban procedentes de otras familias y sus propios hijos. A todos ellos se los consideraba parte de la familia Cunningham y recibían un amor incondicional. A su vez, los niños debían respetar las normas, hacer las tareas domésticas y cuidar a los animales del rancho. En otras palabras, formaban parte de la familia.

Ruth y Glenn abrieron completamente su corazón y su casa. Durante más de cuatro décadas sirvieron, criaron, dieron cobijo y alentaron a más de nueve mil niños.

¡Nueve mil niños!

No hay mucha gente que pueda decir lo mismo.

No fue fácil económicamente, y la dedicación de la pareja resulta encomiable. Acogieron a todos esos niños conscientes de que cualquier tipo de amor y respeto que pudieran proporcionarles iba a resultar enormemente beneficioso para sus vidas.

Es evidente que Glenn conocía el poder que se oculta detrás de la pregunta: *¿qué más puedo hacer?*

La pregunta lo guio desde una cama de hospital tras sufrir graves quemaduras hasta el podio olímpico, donde recibió diversas medallas. Lo motivó para pasar de vivir en una casa confortable con tres hijos a convertirse en un agente del cambio dispuesto a que sus acciones transformaran la vida de miles de jóvenes. Y lo elevó de una vida de éxito y estatus a una con significado e impacto en los demás.

El mundo valora el estatus. La medalla olímpica. La gran casa. El rostro hermoso. La victoria. Pero las medallas se deterioran. Las casas envejecen. Los rostros hermosos se arrugan. Las victorias que celebramos a menudo terminan pareciéndonos vacías.

Las personas que alcanzan las más altas cotas de éxito en la vida no corren en pos del éxito, sino del significado. No compiten en carreras, crean negocios, crían a niños ni viven la vida para ellos mismos; hacen todas esas cosas por los demás. Dan la mano, emocionan, aman y transforman vidas. A través de estas acciones, alcanzando este tipo de éxitos, su llama sigue viva mucho después de su muerte.

Glenn Cunningham vivió una vida portentosa no por lo que hizo, sino por lo que dio.

No tienes que ser un atleta olímpico para hacer lo mismo.

Sólo tienes que estar dispuesto a ayudar.

Sólo tienes que decir sí a la vida.

DECIR SÍ A LA VIDA

Trabajé tres años como capellán en un hospital.

Era un trabajo a tiempo parcial, casi siempre de noche y los fines de semana. El primer año trabajé con adultos. Los dos siguientes, algunos de los años más transformadores de mi vida, los pasé atendiendo tanto a niños como a sus familias en un hospital pediátrico.

Durante aquellas visitas a pequeños heridos, enfermos o en los últimos días de su vida, descubrí lo realmente importante de la vida. Para aquellas familias, la preocupación por las notas, el atletismo, los equipos deportivos o la popularidad eran un recuerdo borroso. El estrés y la competitividad de un horario saturado para que el niño domine el mayor número de materias posible, preparándolo para una vida de éxitos, carecían de sentido. Los familiares se pasaban el día haciendo predicciones sobre los resultados de las pruebas médicas, rezando en la sala de espera, soñando con el futuro, cualquier futuro, y disfrutando de las conversaciones íntimas. Aquellos padres asustados y sus formidables hijos luchaban juntos para recuperar la salud, la normalidad, la vida.

Eran absolutamente conscientes de las cosas que importan realmente.

Muchos días, después de haber estado en contacto con aquellas familias, subía al coche y me ponía a llorar. Me sentía desolado por los enormes desafíos a los que se enfrentaban, pero su deseo de vivir y el amor que se profesaban también me resultaban profundamente inspiradores.

El recuerdo de la experiencia de una de aquellas familias continúa acompañándome hasta el día de hoy.

Mientras estaba visitando a una niña con mi misma pasión por el béisbol y los helados de vainilla, mi busca empezó a vibrar. Comprobé el mensaje y vi el número de una habitación seguido de 4444. Sentí un nudo en el estómago.

Aquél era el código que utilizábamos cuando el corazón de un paciente se detenía; un niño había dejado de respirar. Era la señal para que un equipo médico acudiera a la habitación e intentara reanimarlo.

Los capellanes forman parte de estos equipos. Su función es la de ofrecer apoyo emocional al personal sanitario y rezar por los niños; y si los padres están en el hospital, acompañarlos durante aquellos terribles momentos.

En las series de televisión, como *Urgencias* o *Anatomía de Grey*, cuando se produce una emergencia, una pareja de atractivos doctores se dirigen corriendo a la habitación. De fondo se oyen las dramáticas notas musicales de Sarah McLachlan.

Los médicos suelen inyectar algún fármaco, aprietan unos cuantos botones y consiguen devolverle la vida al paciente por arte de magia. La música se detiene, los médicos se abrazan y se produce un corte publicitario.

En la vida real no hay música, el proceso es brutal y en raras ocasiones los médicos consiguen salvar al paciente.

Sólo podía pensar en eso mientras corría por el pasillo desde la habitación de mi amiga de siete años hasta una sala de la UCI. Vi a los padres del niño fuera de la habitación. Mirando. Observando algo terrible que ningún padre debería ver nunca.

Me acerqué a ellos, me presenté, les expliqué qué estaba ocurriendo y les sugerí que fuéramos a una sala de espera privada. No quería que siguieran asistiendo a aquello. No quería que los últimos recuerdos de su hijo fueran aquéllos.

La joven madre me miró fijamente a los ojos y dijo:

—John, no vamos a ir ninguna parte. Pase lo que pase, estaremos con nuestro hijo. En la vida o… en la muerte.

Se dio la vuelta, se apoyó en su marido y continuó mirando a su hijo.

Nos quedamos los tres fuera de la sala, viendo cómo los médicos se subían a la cama y le hacían un masaje cardíaco a su hijo. Vimos cómo el personal médico le administraba diversas inyecciones. Vimos cómo las enfermeras se turnaban para hacerle llegar oxígeno a los pulmones. Y, más tarde, vimos cómo se acercaba a nosotros un médico muy joven, visiblemente afectado, y nos decía que no podían hacer nada más:

—Su hijo está ahora con Dios.

La madre pasó por su lado y se abrió paso por entre el personal médico para acercarse a su hijo de dos años. Se inclinó sobre la cama, le apartó el pelo de la cara, lo abrazó y lo sostuvo contra su pecho. Lo meció suavemente mientras le cantaba una nana.

El resto del personal médico salió de la habitación.

El padre y yo entramos.

No dijimos nada.

Simplemente observamos juntos aquel momento sagrado, trágico y surrealista.

He descubierto que no decir nada en momentos de gran emoción a menudo es una de las mejores formas de comunicación. Una pareja de jóvenes pueden pasear por el parque, cogidos de la mano, sin decirse nada. Un padre puede estar sentado junto a su hijo, viendo el ir y venir de las olas, el atardecer, los pájaros volando sobre ellos y no decir una palabra. Dos buenos amigos pueden pasar una tarde meciéndose en el porche sin sentir la necesidad de llenar el silencio con algún comentario frívolo.

Durante una tragedia ocurre algo similar. Cuando nos diagnostican una enfermedad grave, cuando perdemos a un querido amigo, cuando nuestra vida se derrumba a nuestro alrededor, lo último que queremos es que venga alguien y lo arregle con palabras. Las palabras no harán desaparecer el dolor que sentimos. Lo que necesitamos es a alguien con la valentía suficiente para acompañarnos, para sentarse a nuestro lado y llorar con nosotros. En otras palabras, necesitamos sentir la presencia de alguien a nuestro lado.

De modo que nos limitamos a estar juntos, en silencio.

Más tarde, el padre me rodeó con un brazo y me dijo:

—John, ¿sabes que ese niño era único? Tenemos tres hijos, de nueve, siete y él. Pero él era especial. Unió a toda la familia. Aunque sólo tenía dos años, nos enseñó a apreciar la vida. Iluminó con su luz cada día, haciendo que fuera aún más brillante que el anterior.

Hizo una pausa y después continuó:

—Probablemente no lo sepas, pero nació con la enfermedad. Nos dijeron que ni siquiera saldría del hospital, pero al final conseguimos llevarlo a casa. Lo quisimos muchísimo. Lo hemos tenido en casa dos años. Dos años increíbles.

La madre continuaba meciendo al niño mientras el padre me contaba más cosas sobre su vida. Me quedé junto a aquel hombre, con su brazo alrededor de mi cintura, mientras las lágrimas resbalaban por mis mejillas.

—Las cosas han sido difíciles. Nunca logró sentarse, ni aprendió a hablar, ni a comunicarse de ningún modo, pero como he dicho antes, era especial.

Un profundo silencio volvió a llenar la habitación.

La madre continuaba acunando al niño.

Entonces levantó la cabeza y le dijo a su marido:

—Cuéntale lo de la nota del director de la escuela.

El lunes por la tarde habían recibido una nota del director de la escuela donde estudiaban sus dos hijos mayores. En ella les daba las gracias por haber criado a dos jóvenes tan formidables. La nota transmitía el enorme orgullo que sentía la escuela por tener a aquellos dos estudiantes, y el director ofrecía dos ejemplos muy significativos: «Sus hijos son los únicos chicos de toda la escuela que llevan a los alumnos en silla de ruedas de un aula a otra. Lo hacen sin que nadie se lo pida y sin esperar nada a cambio. Además, son también los únicos chicos que en el comedor se sientan con otros chicos con necesidades especiales.

El comedor está lleno de chicos felices e inquietos y sólo una mesa para aquéllos con alguna disminución. Sus hijos siempre se sientan con ellos».

Cuando el padre terminó de hablar, la emoción amenazaba con superarme.

De niño yo también había sido un niño con necesidades especiales.

Como adulto estaba casado con una mujer que trabajaba con chicos con necesidades especiales.

Escuchar a aquel padre hablar con orgullo de sus otros dos hijos mientras su mujer mecía a su hijo sin vida me afectó profundamente.

¿Es por su hijo pequeño, ese pequeño milagro, que sus otros dos hijos son como son?, le pregunté al padre.

Respondió la madre:

—John, gracias a él, soy mejor madre, él es mejor padre, mis hijos son mejores chicos y todos nosotros seremos mejores personas.

Soy una madre mejor.

Él es un padre mejor.

Mis hijos son mejores chicos.

Y todos nosotros seremos mejores personas.

Jamás olvidaré aquella experiencia, aquella conversación, a aquellos padres y a aquel niño perfecto. Sus hermanos aprendieron de él a prestar atención. Su hermano pequeño les enseñó a mantener los ojos abiertos y preguntarse «¿Qué más puedo hacer?». Fue la chispa que inspiró a toda la familia. ¿Echarán de menos a su pequeño, a su hermano, durante el resto de sus vidas?

Por supuesto.

Pero vivirán cada día con inspiración porque compartieron su vida con él.

¿La vida de aquel niño fue un éxito?

Muchas personas pensarán que no.

Pero ¿su vida fue significativa?

¿Aportó algo a los demás?

¿Dejó una huella positiva en la gente que le rodeaba?

Evidentemente sí.

EL PODER DE UNA SOLA PERSONA

Tengo una regla muy simple: no discutas con una monja.

Es algo que he aprendido con el tiempo, de las muchas monjas que he conocido en la escuela, mientras estaba enfermo en el hospital y en los años que trabajé como capellán.

Una sencilla monja una vez escribió: «Yo sola no puedo cambiar el mundo. Pero puedo lanzar una piedra al agua para crear innumerables ondas».

Estas palabras son de una señora pobre y frágil originaria de Albania que cogió un tren que se dirigía a uno de los países más pobres del mundo, buscó la ciudad más pobre del país, se aventuró en las calles más pobres de la ciudad y empezó a ayudar de forma anónima a los que vivían allí. Alimentó, sostuvo, humanizó y amó a todas y cada una de las personas a las que sirvió. Atrajo a otros a su causa. Se inició un movimiento.

Hoy en día, la orden que ella fundó, las Misioneras de la Caridad, cuenta con 45.000 religiosas que dedican su vida a servir en más de 130 países en todo el mundo. Aunque su líder ya no está, la orden que fundó continúa atendiendo a refugiados, niños, leprosos, enfermos de sida, ancianos y moribundos. Es un poderoso agente del bien en un mundo muy necesitado de él.

Y todo gracias a una sola mujer.

Se han escrito innumerables libros sobre la madre Teresa. Los libros describen su infancia, su conversión, los desafíos que tuvo que superar, su pasión, su amor, su fe e incluso las dudas que la asaltaron durante buena parte de su vida.

Sin embargo, hay una cosa sobre la que no existe ninguna duda: su vida es un ejemplo de cómo una vida sincera y auténtica puede cambiar el mundo.

No es necesario que viajemos a la India para encontrar otros ejemplos.

Todos encontraremos casos similares en nuestras propias vidas. Si prestamos atención.

Después de una de mis charlas, la gente suele acercarse para compartir conmigo sus historias personales. Me explican cómo les cambió la vida porque un hombre o una mujer, personas anónimas, les ayudaron, les ofrecieron su apoyo o hicieron algo por ellos.

Una semana estaba invitado por tres organizaciones distintas a dar tres charlas tres días seguidos. Los encuentros tenían lugar en Nueva York, Missouri e Illinois. Después de cada acto, la gente hacía cola para compartir conmigo sus historias y hablarme de las personas que habían influido positivamente a lo largo de su vida.

En Nueva York, un hombre me contó que hacía unos años, en el aeropuerto JFK, mientras estaba esperando a pagar la comida que había pedido, oyó una voz profunda a su espalda que dijo: «Yo pagaré lo suyo». Cuando se dio la vuelta, vio a un hombre que le resultó familiar. El extraño se presentó; era Jack Buck. Antes de que el hombre pudiera responder, Jack le entregó el dinero de la comida al cajero. El hombre me dijo que era un fan incondicional de los Mets, pero que aquel día dejó de odiar a los Cardinals y empezó a querer a Jack Buck.

Fue maravilloso oír otro ejemplo de cómo Jack Buck le había alegrado el día a otra persona. A pesar de que aquel tipo fuera un fan de los Mets.

El día siguiente, en Missouri, conocí a un hombre que me habló de sus años como artista con dificultades económicas. Estaba tan necesitado que tuvo que dedicarse a pintar casas. Apenas tenía suficiente dinero para llegar a fin de mes.

Un caluroso día de verano, mientras pintaba las ventanas del segundo de piso de una casa, una voz áspera le insistió para que bajara de la escalera y se tomara un descanso. El propietario de la casa le invitó a entrar un rato para refrescarse. Mientras se tomaba una limonada en la cocina de Jack Buck, Russell Irwin le contó que le encantaba pintar, pero que prefería los lienzos a los marcos de las ventanas. Compartió con él la frustración que sentía por no ser capaz de mostrarle al mundo su talento.

Jack le escuchó, le hizo algunas preguntas, prestó atención y se le ocurrió un plan. Animó al artista a pintar un cuadro de los jugadores de los Saint Louis Cardinals que habían entrado en el Salón de la Fama. Se hicieron 250 copias y se vendieron en organizaciones benéficas. La iniciativa logró recaudar 500.000 dólares, lo que ayudó a lanzar la carrera de Russell Irwin.

No podía creerlo. Otra historia de Jack Buck y de su capacidad para cambiar la vida de la gente del modo más sencillo.

Finalmente, el día después de hablar en Illinois, un hombre se me acercó.

Me habló de la primera vez que había hablado en público. Debía hacer una presentación delante de cuatrocientos colegas de trabajo en un encuentro de agentes comerciales. Con las notas bajo el brazo, avanzó hacia el podio, echó un vistazo a la multitud, bajó la mirada a sus notas y se quedó paralizado.

Fue incapaz de articular palabra.

Se produjo un largo e incómodo silencio.

Un murmullo de risas aisladas recorrió la sala.

Entonces, un hombre de pelo canoso salió de entre el público, se acercó al podio y rodeó por los hombros al orador. Leyó la primera línea de las notas y le dijo: «Vale, chaval, creo que puedes seguir a partir de aquí».

Exacto. Era Jack Buck.

El caballero con miedo escénico dio su charla. Me aseguró que aquél fue un punto de inflexión tanto en su carrera como en su vida. En la actualidad es director ejecutivo de la organización y ha sido el maestro de ceremonias de la gala los últimos trece años. Según él mismo, todo se lo debe a un punto de inflexión en los inicios de su carrera, cuando se había quedado paralizado, cuando todo el mundo permanecía en silencio y cuando Jack Buck dio un paso al frente.

Una persona.

Realizando actos sencillos.

Cambiando la vida de los demás.

Jack era un profesional con un éxito apabullante.

Era un locutor que formaba parte del Salón de la Fama, muy querido en su comunidad tanto por su voz como por su encanto. Durante décadas fue el comentarista deportivo de retransmisiones en directo más reputado del país.

Aun así, después de conocerle en persona, de hablar con sus hijos y su mujer, de oír las historias que me contaba la gente sobre él, he llegado a comprender cuál fue el secreto de su éxito: su vida no estaba centrada en sí mismo.

Así de simple. Actuaba de forma desinteresada. Para él, su trabajo no era un medio para obtener poder. No valoraba su tiempo en función de lo que podía conseguir a cambio. Pese a ser considerado un personaje famoso, carecía de ego.

Siempre estaba pendiente de las necesidades de los demás, y hacía todo lo posible por mejorar sus vidas. Sus acciones no fueron espectaculares, ni excesivamente heroicas, ni tampoco demasiado costosas. Pero gracias a su constante ayuda a los demás, el efecto dominó de su vida se extiende mucho después de su muerte.

Es evidente que Jack decidió llevar una vida radicalmente inspirada. **Él es el ejemplo perfecto para la sexta decisión que debes tomar: la clave para alcanzar la auténtica grandeza en la vida es primar la trascendencia por encima del éxito.**

Jack quiso ser trascendente.

Y gracias a eso logró el éxito.

Pero ¿puede una sola persona cambiar las cosas?

La respuesta es un *¡Sí!* categórico, reverberante y exultante. Pero para que una sola persona pueda cambiar el mundo primero debe creer.

Tú debes creer.

A estas alturas ya conoces mi historia.

El incendio.

Las quemaduras.

Las escasas opciones de supervivencia.

El milagro.

O soy la persona más afortunada del mundo o aquí pasa algo.

En honor a la verdad, en cada etapa del camino hubo personas que expresaron una realidad: las quemaduras en el 100 por 100 del cuerpo implican que no hay la más mínima posibilidad de sobrevivir. No conseguirá superarlo. Ha llegado su hora. Sencillamente no hay ninguna opción. Vale, al final sobrevivió, pero ¿qué vida va a tener? Obviamente no podrá caminar, ni escribir, no podrá hacer ninguna contribución significativa, jamás volverá a ser «normal».

Por suerte, en cada etapa del camino también hubo gente que creyó, luchó y rezó.

Jim. Corriendo hacia las llamas, poniendo su vida en peligro para salvarme.

Amy. Abrazándome y asegurándome que todo saldría bien.

Susan. Entrando en una casa ardiendo a por un vaso de agua.

Mamá. Tomándome la mano y recordándome que alargara la mano hacia Dios.

Roy. Poniéndome de pie y repitiendo, *Colega, olvida la muerte. Vas a volver a caminar.*

Jack. *¡Chaval! ¡Despierta! ¡Vas a vivir!*

Todas estas personas creyeron. Tuvieron fe. Estaban convencidas de que iba a ponerme mejor, de que aquél no era el final.

Creer en nuestra propia capacidad de cambiar las cosas nos permite reconocer dónde podemos influir mejor y descubrir las oportunidades que se ocultan detrás de la pregunta *¿qué más puedo hacer?* Nos despierta del adormecimiento, nos obliga a prestar atención y nos impulsa a la acción.

Según mi experiencia, creer que Dios se expresa a través de todas las cosas me permite librarme de la tensión de tener que preocuparme a diario, de deprimirme por las tragedias que me rodean y me colma con la seguridad de que lo mejor está por venir. Creo que Dios es omnisciente, misericordioso y todopoderoso. Y como creo que a menudo Dios se expresa a través de nuestras palabras, acciones y amor, debemos mantenernos receptivos a su voluntad.

Creer abre tu corazón al amor, tus ojos a las posibilidades y tu vida a la verdad de que tu vida, toda vida, es importante.

UN VALIOSO REGALO

Terminé la universidad.

¿Has llegado hasta aquí y todavía no crees en los milagros? Bueno, pues no hay mayor prueba que esto. De algún modo, un joven lleno de vida pero académicamente desmotivado logró terminar la carrera.

La noche de la fiesta de graduación se produjo otro milagro.

Nunca salí con nadie en la escuela ni en el instituto. Y la tendencia se mantuvo durante los cuatro años de universidad. Pero la noche de la fiesta de graduación se produjo el milagro del amor.

Imagina por un momento cuál puede ser su aspecto.

¡No, no hagas trampas! ¡No mires la foto al final del libro!

Cierra los ojos e imagina por un momento qué aspecto tiene el amor.

¿Lo ves?

No, eso no. No esa clase de amor.

El amor que apareció la noche de graduación no era físico, ni sexual, ni el inicio de una relación para toda la vida, sino la increíble generosidad de Jack Buck fluyendo una vez más en mi vida.

Habíamos mantenido el contacto todos aquellos años.

Al enterarse de que el chico que no tenía la menor posibilidad de sobrevivir al incendio, y que obviamente no iba a volver a escribir, estaba a punto de graduarse en la universidad, Jack me envió un regalo.

Durante la comida de celebración con mi familia, me entregaron una caja envuelta con un hermoso papel y una breve nota de Jack Buck.

La primera palabra era «Chaval». (¡A veces me pregunto si Jack sabía cómo me llamaba!).

La nota continuaba así: «Esto significa mucho para mí. Espero que también signifique mucho para ti».

Rompí el papel, abrí la caja, miré dentro y vi otra pelota de béisbol. Pero aquella era distinta. Más pesada. Parecía de color oscuro y de cristal. Me alejé de la mesa y de la oscura habitación y salí al exterior en busca de un poco de luz.

Abrí la puerta del restaurante, saqué la pelota de la caja y la sostuve a la luz del atardecer. La inscripción en el cristal destelló y por fin pude leer lo que ponía: «Jack Buck. Salón de la Fama del Béisbol. 1987».

Aquél era el año del incendio.

También era el año en el que habían aceptado a Jack en el Salón de la Fama del Béisbol.

Aquélla era la pelota del Salón de la Fama del Béisbol de Jack Buck.

Me quedé sin respiración y volví a leer la nota.

Chaval, esto significa mucho para mí. Espero que también signifique mucho para ti. Ésta es la pelota que me regalaron cuando pasé a formar parte del Salón de la Fama del Béisbol. Es de cristal. Es muy valiosa. ¡Que no se te caiga! Tu amigo, Jack.

Volví a mirar aquel regalo tan valioso.

¿Por qué me regalaba Jack un objeto tan preciado?

Con la pelota brillando frente a mis ojos, me sentí totalmente indigno de semejante regalo. Aquella pelota debía estar expuesta en su casa. Pasar de generación en generación en su familia. No debía tenerla yo.

Por entonces sólo era un chico de veintidós años que tenía miedo hasta de su propia sombra. No tenía la menor idea de quién era ni qué hacer con mi vida. Estaba tan abrumado por el regalo que aquella noche, al llegar a casa, lo guardé en el cajón de los calcetines.

No quería que nadie viera un regalo del que me sentía indigno. Sabía que si alguien lo veía, me preguntaría cómo lo había conseguido y entonces tendría que contarles por qué conocía a Jack. Y también tendría que compartir mis cicatrices, mi historia. No estaba preparado para aquello.

Así que lo guardé en un cajón.

Lo escondí.

En la oscuridad.

Durante años.

Pero al final la luz siempre triunfa. Aunque a veces cuesta un poco desprenderse de las sombras.

Cuando Jack me dio la pelota, no tenía ni idea de que algún día mi padre se enfrentaría a la misma enfermedad que Jack sufría, el párkinson. Tampoco sabía que mis padres escribirían un libro. Ni que el chaval crecería, aceptaría sus cicatrices y compartiría su historia. Jack no tenía la menor idea de que su regalo, su generosidad y el modo en que entró a formar parte de mi vida inspirarían a miles de personas en todo el mundo. Es probable que ni siquiera fuera consciente de lo mucho que podía llegar a brillar su luz.

Su generosidad tenía una motivación mucho más simple.

Jack daba porque podía.

Y al hacerlo inspiró mi vida de un modo radical.

Siempre lo tengo presente. Recuerdo su voz iluminando la oscuridad en el hospital.

El Día de John O'Leary en el estadio. Las sesenta pelotas de béisbol que me permitieron volver a escribir. Cada vez que veo el brillo de la pelota de cristal, reflejando la luz por toda la habitación, pienso en el poder de una persona para cambiar las cosas.

También pienso en él cada vez que estoy con mi hijo mayor. A Jack Buck le habría encantado mi hijo de diez años. Y también su nombre: Jack.

ÉXITO FRENTE A TRASCENDENCIA

Nos ganamos la vida con lo que recibimos; creamos vida con lo que damos.

—*Winston Churchill*

Todos estamos ocupados.

Todos tenemos innumerables responsabilidades, tareas y quehaceres. Puede que tú también te digas: *Dios, no puedo hacer nada más. Estoy a tope con la familia, el trabajo, las facturas. ¿Qué más puedo hacer?* Éste es tu punto de inflexión. En lugar de llevarte las manos a la cabeza y exclamar, *Dios, ¿qué más puedo hacer?*, abre tu corazón, alarga la mano y di, *¿Qué puedo hacer más?*

Te animo a hacerte esta pregunta esta misma noche. Escríbela en tu diario. Exige una respuesta. ¿Qué puedo hacer más para alcanzar las oportunidades que se presentan, para recuperar mi salud, para celebrar con mayor entusiasmo las bendiciones que Dios me concede, para amar más a mi familia, para prestar atención a aquellos que quizá necesiten un rayo de esperanza?

Todas tus acciones diarias tienen un profundo impacto. Cuando realizas un acto trascendente, la chispa prende, se extiende a otras personas y el fuego sigue brillando mucho después de que te hayas ido.

Puede que al ayudar a los demás no salgas en ningún titular, pero tus acciones inspirarán a otros y tu vida adquirirá trascendencia. Decide hoy mismo convertir a tu familia, tu comunidad, tu empresa, tu mundo en un lugar mejor.

Presta atención.

Pregúntate: «¿Qué puedo hacer *más?*».

Y observa cómo prende la chispa que provocará un poderoso incendio de cambio.

Elige la trascendencia.

Me gustaría poder mostrarte...
la extraordinaria luz que desprende tu ser.

—Hafez

7

¿ESTÁS PREPARADO?

El miedo y el amor son las dos motivaciones principales.
El miedo asfixia; el amor libera.

Oigo su voz desde la cama.
    —¿Está preparado?
Es papá.
Está hablando con una enfermera.
No espero la respuesta.
    —¡Sí, está preparado! ¡Entra y tómalo en brazos!
Vaya si estaba preparado.
Observo la habitación desde la silla de ruedas. Había sido mi casa durante los últimos cinco meses. La ventana, el pequeño televisor, la amplia cama con las barras metálicas, el calendario en la pared, las paredes de color amarillo, el olor a lejía.
No iba a echarlo de menos.
Nos íbamos a casa.
A casa.
La gran puerta de cristal se abrió y papá entró en la habitación.
Empujaba un carrito.

Un carrito lleno de champán y caramelos Life Savers. Su regalo para todas las enfermeras que me habían ayudado tanto. Al parecer no iba a ser el único en celebrar una fiesta.

Papá empujó el carrito hasta la cama, se inclinó y me besó en la mejilla.

—Bueno, John –dijo–. ¿Qué dices? ¿Estás preparado para esto?

Con «esto» se refería a dirigirnos hasta el ascensor, bajar cuatro plantas, salir por la puerta principal y llegar hasta la furgoneta. «Esto» significaba que se habían terminado los análisis de sangre a primera hora de la mañana, las largas horas de terapia, los cambios de vendajes, la mala comida, las noches de insomnio porque echaba de menos a mis padres, los pitidos de las máquinas y la añoranza del hogar. «Esto» significaba dejar el hospital, volver a casa y celebrar una fiesta con mis padres, hermanos, familiares y amigos.

Miré a papá, sonreí y le dije que, por supuesto, estaba preparado.

Mientras esperábamos a que firmaran los papeles del alta, me dijo:

—Quiero que sepas que estoy orgulloso de ti. Todos lo estamos. Los médicos, las enfermeras. Todo el mundo. Lo has conseguido, monito. Lo has hecho. –Hizo una pausa–. Estoy muy orgulloso de ti. Y te quiero mucho, John.

Aquellas palabras.

Fueron casi las mismas palabras que me había dicho cinco meses atrás, palabras que me salvaron la vida.

Al oírlas, recordé vívidamente aquel momento…

Después de que la ambulancia llegara al hospital, los paramédicos me dejaron en una pequeña sala de espera y corrieron la cortina. Unas cuantas enfermeras vinieron a hacerme un chequeo y me dijeron que todo iría bien.

Entonces salieron de la sala.

Y me quedé tendido en la camilla.

Sin nadie cerca.

Completamente solo.

Estaba asustado, dolorido y triste.

Pero, sobre todo, no podía dejar de pensar en una cosa.

Aquella mañana sólo podía pensar en aquello.

Mi padre me iba a matar cuando se enterara de lo que había hecho.

No soportaba que no le escuchara, que no cumpliera las normas.

Me había prohibido jugar con fuego.

Y aquella mañana había incendiado la casa.

Había hecho una muy gorda.

Dos semanas antes se había enfadado mucho conmigo. Era domingo por la mañana. Toda la familia fuimos a la iglesia y después a desayunar.

Cuando llegamos a casa, papá me dijo que me cambiara antes de salir a jugar.

Pero el desayuno se había alargado muchísimo.

Había quedado con mis amigos y ya llegaba tarde.

De modo que cuando el coche se detuvo delante de casa y todo el mundo hubo entrado, me escabullí a casa de mi amigo.

Todos mis amigos ya estaban allí. Nos pasamos la tarde jugando a fútbol.

Fue un día increíble.

Hasta que llegué a casa y vi a mi padre.

Yo estaba sudado.

Y lleno de barro.

La ropa de los domingos estaba llena de manchas de hierba.

Mi padre no estaba precisamente contento.

Me agarró por la muñeca, me arrastró hasta mi cuarto, me sentó en la cama y me dijo que estaba muy decepcionado conmigo.

No levanté la vista ni un momento.

Me preguntó si creía que era una buena idea jugar con la ropa de los domingos.

Negué con la cabeza.

Me preguntó si no le había oído decirme que me cambiara al llegar a casa.

Asentí.

Me preguntó por qué no le había obedecido.

Me encogí de hombros.

Me dijo que estaba muy decepcionado conmigo y que esperaba que aquello no se volviera a repetir.

Entonces salió del cuarto y cerró la puerta.

Tuve que quedarme allí sentado, reflexionando sobre lo que había hecho. ¡Toda la noche!

Por haber arruinado unos pantalones de vestir.

Pero lo que había hecho ahora era peor. Mucho peor.

Si se había puesto así por unos pantalones caqui, ¿qué haría cuando descubriera que había quemado la casa?

Había provocado el incendio.

Me había quemado.

Había destruido la casa.

Había puesto a mi familia en peligro.

Mi padre me iba a matar.

Entonces oí su voz, rugiendo como un león desde el pasillo.

—¿Dónde está mi hijo? ¿John O'Leary?

Oh, Dios mío.

Me había encontrado.

E iba a rematarme.

La enfermera de guardia no me hizo ningún favor; acompañó a mi padre hasta donde estaba. Vi su silueta haciéndose cada vez más grande a través de la cortina a medida que se acercaba. Vi cómo alargaba un brazo; la cortina se descorrió.

¡No dejéis que me mate! ¡No dejéis que me mate!, pensaba mientras me preparaba para recibir toda su ira.

Pero estaba preparado. Y la merecía.

Se acercó lentamente hasta la camilla.

—¡Hola, monito! –me dijo en voz baja.

Una sonrisa iluminó su rostro.

Yo cerré los ojos.

¿Qué demonios estaba ocurriendo?

¿Por qué me trataba con tanta amabilidad?

Entonces añadió:

—John, mírame.

Abrí los ojos y le miré fijamente.

—Jamás me he sentido tan orgulloso de alguien en toda mi vida. ¿Me oyes?

Aparté la mirada. ¿De qué estaba hablando?

Lo repitió:

—Mírame, John. Te quiero mucho. Te quiero muchísimo.

No podía creerlo.

No podía creer que no estuviera enfadado conmigo.

Y entonces lo comprendí.

Todo adquirió sentido.

Lo comprendí.

¡Nadie le había contado aún lo que había ocurrido!

Eso es lo que pensé entonces. Pero mi padre lo sabía.

Vaya si lo sabía.

Durante los siguientes cinco meses que pasé en el hospital pensé mucho en lo que había ocurrido aquella mañana.

En aquellas palabras.

Jamás he olvidado lo que aquellas palabras significaron para mí.

Y ahora, al ver a mi padre empujando un carrito lleno de caramelos, la alegría iluminando su rostro, supe que él era la razón por la que había llegado aquel día. Mi padre me había salvado la vida.

Y, finalmente, podía volver a casa.

~ ~

Antes de que Jack Buck apareciera en mi vida.

Antes de que las terapeutas me hicieran los estiramientos.

Antes de que viniera el enfermero Roy.

Antes de que el personal médico interviniera para salvarme.

Antes de que apareciera mamá y me hiciera aquella pregunta tan extraordinaria e inspiradora.

Antes de que alguien tuviera la oportunidad de hacer algo, la primera persona que me visitó en la sala de urgencias fue mi padre.

Aquél fue un poderoso punto de inflexión, tanto para él como para mí.

Aún no le habían informado sobre la gravedad de las heridas. No le habían alertado de lo que iba a encontrarse. Sólo sabía que su hijo se había quemado y que estaba en urgencias.

Llegó corriendo, apartó la cortina y me vio tendido en la camilla.

Incluso el profesional de la salud más experimentado se habría quedado mudo. Contempló a su hijo de nueve años, aún más pequeño por culpa de la enorme cama de hospital, calvo, desnudo, sin piel. Se encontró a su hijo pequeño solo, medio cubierto por una delgada sábana y gimoteando.

Nada podría haberle preparado para aquello.

Su pequeño iba a morir.

Le invadió el miedo. Se quedó paralizado. ¿Qué podía decir? ¿Por qué estaba pasando aquello?

Entonces miró más allá de las heridas, no permitió que el miedo le dominara, contempló a su hijo e, inmediatamente, recurrió al amor.

Combatió el miedo, la parálisis y la tristeza con valentía, fe y amor. Vino directamente hasta donde yo estaba, se inclinó y me sonrió. Me dijo que estaba orgulloso de mí. Y que me quería.

Te quiero.

Dos sencillas palabras que transformaron mi mundo.

Y también pueden transformar el tuyo.

EL CAMBIO

Mi padre no fue la única persona paralizada por el miedo.

Ahora puede parecer absurdo, pero en aquel momento no tenía miedo de morir. En lo único que podía pensar era en cómo había decepcionado a mi padre, herido a mi familia, dañado la casa y arruinado mi vida. Pensaba que toda mi familia estaría furiosa conmigo. Y realmente creía que mi padre iba a matarme.

Recuerda cuando eras niño. ¿Alguna vez hiciste algo estúpido? ¿Decepcionaste a tu familia? ¿Recuerdas su reacción cuando llegabas a casa con una nota de mal comportamiento? ¿O cuando rompías una ventana con la pelota? ¿O cuando llegabas demasiado tarde por la noche?

Vale, tuviste problemas en esas ocasiones, ¿verdad?

Se enfadaron contigo, ¿no?

Imagina ahora que un fin de semana hubieras quemado la casa.

A ver cómo habrían reaccionado ante eso.

Ésa es exactamente la reacción que yo esperaba.

Sin embargo, todo ese tiempo que pasé aterrorizado por la reacción de papá fue un tiempo perdido.

Es lo que suele ocurrir con el miedo.

Es probable que Mark Twain lo expresara mejor que nadie: «He pasado por momentos terribles en mi vida; algunos de ellos incluso sucedieron de verdad».

Reflexiona un instante sobre esta frase.

El miedo se origina por aquello que *puede* ocurrirnos, algo que en realidad ni siquiera existe. Aun así, muy a menudo permitimos que esa emoción consuma nuestros pensamientos y decida, en última instancia, el devenir de nuestras vidas.

Sin embargo, mi padre no lo permitió.

Puede parecer sencillo, pero cuando mi padre se deshizo del miedo y se enfrentó a la situación con amor, sus palabras se transformaron en un bálsamo, en una luz que apartó la oscuridad en la que había estado sumido durante toda la mañana. Sus palabras me transportaron de un lugar sin esperanza a uno donde pude seguir respirando y luchando. Sus palabras me dieron la fuerza necesaria momentos después, cuando salió de la sala y mamá entró para preguntarme si quería morir.

No, mamá. Quiero vivir.

Quiero vivir.

Aquella mañana, antes de que llegara mi padre, yo estaba sumido en la total desesperación y quería morir. El miedo me asfixiaba.

Al marcharse, me dejó con un destello de esperanza y un fuerte deseo de seguir viviendo.

El amor me salvó.

Y puede salvarnos a todos.

Dejaré que te lo explique mejor Pedro Arrupe:

Estar enamorado [...] dejará su huella en todo. Será lo que decida qué es lo que te saca de la cama cada mañana, [...] en qué empleas tus fines de semana, lo que lees, [...] lo que rompe tu corazón y lo que te sobrecoge de alegría y gratitud. Enamórate, sigue enamorado y todo será de otra manera.

Una hermosa reflexión sobre el poder del amor. Deja su huella en todo.

Ahora vuelve a leer la cita sustituyendo la palabra *amor* por la palabra *miedo*. Adelante, hazlo ahora mismo. Reemplaza la palabra *amor* por la palabra *miedo* y vuelve a leer la cita.

Tener miedo [...] dejará su huella en todo. Será lo que decida qué es lo que te saca de la cama cada mañana, [...] en qué empleas tus fines de semana, lo que lees, [...] lo que rompe tu corazón y lo que te sobrecoge de alegría y gratitud. Ten miedo, sigue asustado y todo será de otra manera.

La cita sigue siendo verdad.

Tanto si decides que tu vida esté dominada por el amor como por el miedo, todo lo que hagas se verá afectado por esa decisión.

Enamórate, sigue enamorado y todo será de otra manera.

Ten miedo, sigue asustado y todo será de otra manera.

ENCANTADO DE CONOCERTE

El día que Beth me presentó a su familia, me dieron un consejo que jamás olvidaré.

Faltaba poco para el día de Navidad y la familia celebró el principio de las vacaciones con una gran fiesta. Beth y yo llevábamos saliendo desde hacía un par de meses y había llegado el momento de conocer a su familia. Había varias decenas de tíos, tías y primos. La velada era ruidosa, alegre, había mucha comida, bebida y numerosos brindis. Me sentí como en casa desde el primer momento.

Hacia el final de la velada estuve charlando con un viejo amigo de la familia. Pese a ser un hombre mayor, aún tenía una poderosa mandíbula, el pelo cortado a cepillo, unas manos grandes y fuertes y un brillo travieso en la mirada. Estábamos en su casa, cerca de la mesa de la cocina, la cual estaba a rebosar de comida.

El hombre alargó la mano para coger otra galleta, le dio un mordisco y dijo:

—¿Sabes qué hago la primera vez que conozco a alguien, John?

No, señor. Dígame.

—Bueno, John, siempre me coloco de costado.

Se puso de costado.

—Aprieto el puño izquierdo.

Me mostró su poderoso puño.

—Así estoy preparado por si la persona intenta golpearme. Puedo esquivar su puñetazo, golpearle yo primero y derribarlo.

Se produjo un incómodo silencio.

—¿Lo entiendes?

El hombre siguió comiendo la galleta mientras yo asentía. Me quedé mirando su puño izquierdo y le pregunté:

¿Me está diciendo que cada vez que conoce a alguien se prepara para el combate?

—Exacto. Y lo derribaría. No podría evitarlo. No podría hacer nada por evitarlo.

No me contaba aquello para intimidarme, sino que me estaba dando un consejo que consideraba muy valioso.

He de decir que se trataba de un hombre extraordinario, un amigo maravilloso y que ahora echamos mucho de menos su amabilidad y personalidad.

No obstante, había crecido en un barrio difícil, vivió la Gran Depresión y luchó en la guerra. El residuo de todas esas experiencias condicionó su modo de relacionarse con los demás.

¿Te imaginas que cada vez que conoces a alguien aprietas el puño, listo para soltarle un mamporro? ¿Te imaginas que cada vez que le das a alguien la mano mantienes la mano izquierda cerrada, preparado para golpearle?

Es horrible.

Sin embargo, aunque la historia pueda parecernos graciosa, la mayoría de nosotros nos parecemos más a ese hombre de lo que nos gustaría admitir.

De vez en cuando empezamos el día con los puños apretados, listos para soltar un derechazo. A veces saludamos a los demás con los escudos en alto, la máscara puesta, preparados para la batalla. Existe el riesgo de que nos habituemos a recibir la adversidad y las oportunidades, lo ordinario y lo extraordinario, el buen tiempo y la tormenta no con un corazón abierto y lleno de amor, sino con uno congelado por el miedo.

Evidentemente, el miedo también es algo positivo.

Es bueno tener miedo de tocar algo caliente, de decepcionar a alguien o de un león hambriento. En mi fe, incluso el miedo a Dios es algo positivo, ya que aleja a los creyentes de los aspectos más destructivos de la creación, acercándolos a los más inspiradores.

El miedo forma parte de la experiencia humana y es necesario para la supervivencia.

Pero no podemos vivir eternamente con una mentalidad dominada por el miedo. Si lo hacemos, jamás llegaremos a ninguna parte.

MI HERMANA

Me estaba preparando para marcharme.

Después de cinco meses en el hospital había llegado el momento de regresar al mundo. Todos estaban celebrando el milagro. Mis padres estaban encantados ante la perspectiva de mi retorno a casa. Una tarde, días antes de recibir el alta, mi padre me puso una mano en el hombro, me miró a los ojos y me dijo:

—John, todo va a salir bien.

Levanté la mirada desde la silla de ruedas. Aún seguía conectado a un monitor cardíaco y a una sonda nasogástrica, y estaba cubierto de vendajes. Debía de tener un mal día porque recuerdo que le contesté:

Para ti es fácil decirlo, dije enojado. *Tienes una mujer, una familia, un trabajo y una casa. Yo nunca tendré nada de eso.*

Aunque fui un niño apasionado, precoz y valiente, en algunas ocasiones después del incendio el miedo me dominaba. Tenía miedo de los comentarios de la gente, de mis limitaciones y, sobre todo, de no llegar a conseguir lo que todo el mundo parecía desear: un trabajo, una mujer, una casa y una familia.

Tenía miedo de que nunca se me presentara la oportunidad.

Temeroso de no encontrar el verdadero amor.

Asustado de no tener una vida normal.

Esa ansiedad me acompañó durante varios años. Fui a los Jesuitas de DeSmet, una escuela en la que sólo había niños (¡muchas gracias, mamá y papá, por el favor!). Aun así, hice algunas amigas de la escuela católica para chicas de la comunidad.

Incluso asistí a unos cuantos bailes de fin de curso.

Pero siempre en calidad de «sólo amigos».

Yo me hacía el duro y fingía que no me importaba. Muchos chicos han llegado a la universidad sin haber besado a una chica. No pasa nada. Estaba seguro de que en la universidad tendría mi oportunidad.

No obstante, en el fondo, tenía miedo. Me miraba las manos y maldecía a quien tomó la decisión de amputarme los dedos.

Porque a pesar de poder escribir, conducir, jugar al baloncesto, lanzar una pelota… no tenía ni idea de cómo iba a darle la mano a una chica.

Nadie querría estar conmigo.

Cuando empecé la universidad, ese miedo seguía rondando por mi cabeza. Durante los tres primeros años las cosas siguieron más o menos igual. Muchos amigos, ninguna novia. Mi amable duendecillo del miedo me susurraba: *Ése no es tu destino.*

Y, entonces, todo cambió.

Conocí a la persona ideal.

La vi al otro lado de la sala en una fiesta durante el segundo semestre de tercer año.

Era absolutamente imponente.

Morena, grandes ojos marrones y una sonrisa hermosa y radiante. Se parecía a Jackie Kennedy o a Julia Roberts… aunque más guapa.

Pregunté quién era y me dijeron que estaba en su primer año y que se llamaba Elizabeth Grace Hittler. Me acerqué a ella y me presenté. Charlamos un rato. Le pregunté si quería bailar y la arrastré hasta la pista de baile antes de que ella pudiera responder. Bailamos mi canción favorita de Neil Diamond, *Sweet Caroline.* Fue un flechazo, estuvimos juntos toda la noche y supe que había conocido a la mujer de mi vida.

Sin embargo, a medida que la noche se acercaba a su final, las dudas empezaron a asaltarme. ¿Por qué querría salir conmigo? ¿Y si le daban asco mis manos, por no hablar de las cicatrices en todo el cuerpo? ¿Y si descubría que no era precisamente el hombre perfecto?

Decidí no pedirle que saliera conmigo.

¿Por qué arriesgarme a que me rechazara?

El miedo cerró la puerta.

Aquella noche nos fuimos cada uno por su lado. Pero con el tiempo nos hicimos buenos amigos. Tardé todo un año entero en conocerla, y en permitir que ella me conociera a mí. Durante aquel tiempo, rezaba para que las circunstancias no nos impidieran terminar juntos. Nuestra amistad se fortaleció, mis emociones se intensificaron y supe que tenía que pedírselo.

Estaba preparado.

De modo que en un acto social en el campus, llevé a Beth a un lugar apartado, dejé a un lado todas las dudas, todos los miedos y todas las aprehensiones y me mostré tal y como era.

Por entonces ya sabía que diría que sí. Por eso había tardado tanto tiempo en preguntárselo; necesitaba estar seguro de su respuesta.

Imaginaba que su respuesta sería algo así como: «¡¿Por qué has tardado tanto?!».

De modo que no estaba preparado cuando Beth me miró a los ojos, sonrió con dulzura y me dijo:

—Pero, John, si eres como un hermano para mí.

No sé qué habréis oído sobre Missouri.

Pero no es verdad.

Aquél era su modo de decir que no.

Aquél era su modo de decirme, con toda la consideración de que era capaz, que no estaba interesada, que no había la menor posibilidad y que nunca la habría.

Intenté rebajar la tensión recurriendo al humor. Le dije que siempre había querido tener otra hermana. Tenía la esperanza de que algún día olvidara que se lo había pedido. Sin embargo, su rechazo me destrozó.

Era la primera vez que mostraba mis sentimientos. Su rechazo avivó los miedos del niño de nueve años. ¿Tendría que estar siempre solo? ¿Y si las cicatrices me ataban no sólo a una dolorosa experiencia de mi pasado, sino también a una vida futura en soledad? ¿Y si lo más cerca que iba a estar de una mujer era en compañía de mis hermanas?

Pasó otro año.

Continuamos siendo amigos.

Pero mis sentimientos por ella no cambiaron.

Con la sensación de que lo que sentía por ella empezaba a ser recíproco, le dije a Beth que mis sentimientos no habían cambiado. Le dije que seguía atrayéndome poderosamente; que el último año había podido conocerla mejor y que me gustaba todavía más.

Se produjo un largo silencio mientras ella me miraba.

Caramba, su cara de póquer era asombrosa.

Y era absolutamente preciosa.

Entonces me dijo:

—John, no ha cambiado nada. Te quiero y creo que eres genial. Pero como amigo, más como un hermano.

¿En serio? ¿No sabía que ya tenía cuatro hermanas? ¡No necesitaba a otra!

Ahora la historia me hace reír. Pero de joven, aún inseguro de mí mismo y de mi futuro, me sentí completamente derrotado.

Estaba harto de renunciar a todo lo que tenía. Estaba harto de que me juzgaran por unas manos y unas cicatrices que no podía cambiar. Estaba harto de intentarlo. Estaba harto de fallar.

C. S. Lewis escribió: «Amar significa ser vulnerable. Si amas, sufrirás desalientos y dolores de corazón. Si lo que quieres es mantener el corazón intacto, no debes entregárselo a nadie, ni siquiera a un animal. Envuélvelo cuidadosamente con aficiones y pequeños caprichos; evita cualquier tipo de relación; ponlo a buen recaudo en el féretro o ataúd de tu egoísmo. Pero en el féretro –a salvo, oscuro, inmóvil y sin aire– se transformará. No se romperá; se hará irrompible, impenetrable, inalcanzable».

Quería tener un corazón irrompible.

Impenetrable.

Inalcanzable.

Estaba harto.

De Beth.

De las chicas.

Del rechazo.

Del amor.

AMOR VERDADERO

Es el lugar donde todos nos encontramos alguna vez en la vida.

Nos regodeamos en la autocompasión. Nos sentimos amargamente solos, decepcionados, con los pensamientos negativos como única compañía. Pero ¿no has pensado nunca que es el único lugar al que la gente no quiere acompañarnos?

Es una fiesta en la que tú eres el único invitado.

Cuando te sientes solo, la voz del miedo puede ser abrumadora y puedes llegar a pensar que es la única realidad. Cuando pasamos demasiado tiempo preocupados de nosotros mismos, nuestra voz interior empieza a repetirse machaconamente, reverberando de un lado a otro, cada vez con mayor intensidad.

El eco del miedo silencia las oportunidades.

Pero el amor tiene el poder de abrir de par en par la sala insonorizada.

El miedo es una caja en la que nos sentimos confinados, pero la fe es la clave para liberarnos. De modo que empecé a rezar, reflexionar y escribir sobre lo que significa estar enamorado. Me pregunté: *¿Cómo debe ser una vida satisfactoria, trascendente y gozosa?* Y recapacité sobre lo que había estado esperando de Beth, o de cualquier otra relación en mi vida.

No tardé en darme cuenta de que mis deseos habían sido egoístas.

Había estado centrado en lo que esa relación, y siendo honesto, cualquier relación, podía proporcionarme. Sólo había tenido en cuenta mis deseos. Quería salir con Beth, que fuera mi novia, mi mujer, la seguridad que ansiaba, incluso la prueba de que era normal. Pero al centrarme exclusivamente en mis expectativas, era incapaz de disfrutar de la auténtica Beth y de la maravillosa relación que teníamos.

Decidí dejar de intentar convencerla de que era alguien digno de su amor.

Me deshice del miedo a quedarme solo el resto de mi vida.

Abrí la puerta de mi corazón para amarla de un modo distinto al que tenía previsto.

Al hacerlo, descubrí la séptima decisión para una vida radicalmente inspirada: deshazte de tus miedos y actúa, trabaja y vive desde el amor incondicional.

Aquél fue un punto de inflexión muy poderoso.

Cuando estábamos juntos, dejé de pensar en mí mismo y me concentré en sus necesidades. En lugar de obsesionarme por obtener algo de la relación, empecé a disfrutar del mero hecho de estar con ella. En lugar de centrarme en la cita o en mis deseos, decidí simplemente amarla y disfrutar del momento.

Sin ataduras, expectativas ni planes ocultos.

Y eso fue suficiente.

De hecho, fue más que suficiente. Fue asombroso.

No obstante, una fría noche de septiembre todo volvió a cambiar.

Beth y yo estábamos en un maravilloso restaurante italiano (la comida italiana es su favorita), sentados en la terraza (mi lugar favorito). Poco después de pedir la comida, Beth se inclinó y me dijo que tenía que decirme algo.

Entonces bebió un poco de vino.

Bueno, para ser exactos, dio un largo trago a su copa de vino.

Me dijo que en los últimos seis meses, cada vez que me veía, sentía un cosquilleo en el estómago. No había sabido por qué le pasaba aquello y más de una vez había deseado que no le ocurriera. Pero no había podido hacer nada por evitarlo.

Hizo una pausa.

Entonces me miró directamente a los ojos.

—John, lo que estoy tratando de decir es… que me he enamorado de ti. ¿Es demasiado tarde? ¿O aún quieres salir conmigo?

Me quedé anonadado.

No me lo esperaba y no supe cómo reaccionar.

La miré a los ojos y le dije, con toda la delicadeza del mundo: *Lo siento, Beth. No salgo con mis hermanas.*

En serio.

¡¿Te lo has creído?!

No, en realidad, me quedé embobado y le dije: *¡Sí! ¡Intentémoslo, Beth!*

Y lo intentamos.

Tres años después nos casábamos.

Nuestro matrimonio es maravilloso. Por supuesto, en toda relación surgen desafíos. Nosotros nos enfrentamos a las mismas complejidades y compromisos que cualquier otra pareja. Tenemos ardillas en el ático, hormigas en la cocina y goteras en el sótano. A veces nos enfadamos con nuestros hijos, normalmente debemos ir contrarreloj y de vez en cuando discutimos.

Pero nada que merezca la pena es fácil.

Estamos comprometidos el uno con el otro, compartimos una fe sólida y seguimos profundamente enamorados. Beth es una madre maravillosa. Tenemos cuatro hijos sanos con edades comprendidas entre los cuatro y los diez años. Cada día debe acompañarlos a la escuela, ayudarlos con los deberes, curar rodillas peladas, mitigar gritos, poner paz en las peleas, bañarlos, lavar la ropa, prepararlos para ir a la cama, recordarles que recen y acostarlos. Lo hace todos los días, esté yo de viaje o no, y yo no podría hacer lo que hago sin su dedicación y su amor.

Cada momento que paso con ella o con mis cuatro hijos favoritos, me siento enormemente agradecido. La espera ha merecido la pena.

El amor verdadero siempre merece la pena.

EL PRINCIPAL INDICADOR DEL FRACASO

Al echar la vista atrás, me pregunto qué habría pasado si me hubiera quedado atrapado en mi mentalidad dominada por el miedo y el egoísmo. Si no me hubiera librado del miedo y no me hubiera abierto al auténtico amor y a la grandeza de la vida real.

Lo más probable es que ahora no estaría donde estoy.

El miedo es el principal obstáculo que nos impide avanzar.

Si no lo derrotamos, no podremos tener una vida radicalmente inspirada.

Piensa en ello.

Todo lo que contiene este libro, las siete decisiones para empezar a vivir de una forma radicalmente inspirada, puede quedar fácilmente sofocado y reprimido por el miedo.

El miedo te impide ser *responsable*. Es mucho más fácil esperar a que alguien nos resuelva los problemas, dé un paso al frente, asuma la responsabilidad. El miedo nos cierra muchas puertas porque nos alienta a vivir basándonos en la expresión: «No es culpa tuya… Nunca es culpa tuya».

El miedo impide que *aceptes tu historia*. Inhibe tu capacidad de ser, celebrar y compartir la persona que eres realmente. Te anima a seguir con la máscara puesta.

El miedo reprime tu *implicación*. Evita que asumas riesgos y que dejes huella en los demás. Te susurra que te contengas para evitar males mayores.

El miedo perpetúa en ti la mentalidad de la víctima. Dificulta tu capacidad para mostrar gratitud y regocijarte con las bendiciones del día a día. Te empuja a culpar a los demás, a regodearte en la desgracia y a hundirte en el desaliento. El miedo te impide crecer y mejorar. Entorpece la autosuperación y el avance tanto en tus relaciones personales como en el ámbito profesional. Nos hace creer que es mucho más fácil permanecer en un lugar cómodo y seguro.

El miedo te mantiene centrado en ti mismo. Convierte en virtualmente imposible una vida basada en la auténtica trascendencia, el auténtico éxito y el auténtico altruismo. El miedo te recuerda continuamente que el mundo es un lugar despiadado y que siempre debes velar primero por tus necesidades, tus intereses y tus deseos.

El miedo te mantiene paralizado, preocupado continuamente por las consecuencias, las inseguridades y las indecisiones. Hace que te cruces de brazos, que levantes los escudos y que aprietes los puños.

Hay otro camino.

Siempre lo hay.

¿Y si afrontaras cualquier interacción esperando una sonrisa, un nuevo amigo y una conexión auténtica? ¿Y si consideraras que cada momento es un milagro? ¿Y si en cada interacción asumieras una nueva perspectiva, no una basada en lo que puede salir mal, sino en la certidumbre de que lo mejor está aún por llegar?

Miedo.

O amor.

Ésa es la disyuntiva.

¿Qué camino elegirás tú?

ÚNETE A LA SINFONÍA

Las cicatrices son para toda la vida.

Puede que con el tiempo se difuminen, se reduzcan ligeramente, pero nunca desaparecen del todo. Las mías son tan gruesas que a veces se infectan. Estos forúnculos crecen en el interior del tejido cicatrizal.

Todo empieza con una leve fiebre, una ligera molestia en todo el cuerpo y un dolor general en la zona de la infección. Al día siguiente me sube la fiebre, el dolor corporal se intensifica, me cuesta incluso levantarme y la zona próxima a la infección me da punzadas.

Cuando era niño, mi madre sabía cuándo tenía una infección con sólo mirarme a la cara, por mi modo de caminar o por cómo me comportaba.

Mi mujer ha heredado esta asombrosa capacidad para detectar las infecciones. A veces Beth se da cuenta de que tengo una incluso antes que yo.

Unos meses después de la boda, Beth se estaba arreglando para ir a trabajar. Yo seguía remoloneando en la cama. A pesar de asegurarle que me encontraba bien, ella presintió que algo no iba bien. Se sentó en la cama, me acarició la cabeza y me preguntó si tenía otro absceso.

No respondí.

Entonces ella me subió la camiseta y vio que tenía una infección considerable en el vientre. Estas cosas son terribles. Irritan toda la zona a su alrededor. Los abscesos pueden sobresalir y extenderse varios centímetros. Son muy dolorosos y desagradables.

Beth me preguntó qué podía hacer por mí.

Le dije que me trajera agua fría, la medicina y que llenara la bañera. El agua caliente ayuda a aliviar el dolor. Beth desapareció y oí cómo abría el grifo de la bañera. Poco después llegó con un vaso de agua fría y la medicina. Lo dejó todo en la mesilla y se sentó a mi lado en la cama.

Volvió a levantarme la camiseta, observó la zona irritada, después me miró a los ojos y dijo:

—Odio estas cosas. Pero te quiero.

Entonces se inclinó y besó suavemente el absceso. Me bajó la camiseta y me dijo que la llamara si necesitaba algo durante el día.

¿Fue aquél un acto hercúleo?

No.

Sin embargo, todos los que habéis estado alguna vez enfermos y habéis deseado tener a alguien a vuestro lado con quien compartir el dolor, comprenderéis el poder de ese beso. Beth bendijo con su beso la parte de mí que yo más odiaba.

¿Era necesario que besara aquella herida dolorosa y desagradable?

No.

Pero ella quería hacerlo.

No tenía que hacerlo, pero quiso hacerlo.

¿Qué nos dijimos el uno al otro en el altar?

Sí, quiero.

A menudo esas dos palabras que se originan en el amor se trasforman con el paso del tiempo en tres palabras basadas en el miedo: *tengo que hacerlo.*

Se trata de una alteración cancerosa.

Y todos debemos enfrentarnos a esa decisión a lo largo del día.

Hacer algo por obligación, por miedo, porque *tengo que* hacerlo.

O hacerlo con alegría, por amor, porque *quiero* hacerlo.

Piénsalo detenidamente. *Querer* hacer algo es mucho más liberador que *tener* que hacerlo. Tener que hacer algo implica tener miedo de lo que podría ocurrir de no hacerlo del modo correcto. *Querer* hacer algo es un hermoso regalo que ofreces a cualquier persona que te rodea.

La tensión y el estrés asociados a *tener que* ir a trabajar, perdonarla, seguir adelante, vigilar mi peso, limpiar la casa, recoger a los niños, llegar a casa para la cena, desaparecen cuando empiezas la frase con *quiero.*

Inténtalo.

Querer limpiar la casa significa que esperas con ansia el momento de verla impecable, la alegría que sentirán los demás cuando lleguen, la sensación de deber cumplido que sentirás cuando hayas terminado el trabajo.

O *tener que* limpiar la casa. Una odiosa tarea más que se añade a la monotonía de tu vida.

Querer llegar para la cena significa que tienes muchas ganas de ver a tu familia, que imaginas la deliciosa comida que compartirás con ellos, que tendrás la oportunidad de comentar cómo les ha ido el día.

O *tener que* llegar para la cena. Se convierte en una molestia, te gustaría avanzar algo más el trabajo, querrías tomarte una copa más. Metes las cosas en la bolsa a regañadientes y te encaminas a casa, molesto por tener que hacer algo que no quieres.

Es sólo una palabra.

Pero la diferencia es enorme.

Cuando el amor es tu motivación te sientes libre. Deja de haber obligaciones. Sólo hay alegría. No se trata de ti mismo, sino de los demás. Y déjame decirte que, cuando haces las cosas por amor, la alegría que desprendes se propaga como un incendio forestal.

¿Jack Buck *tenía que* ayudarme a mí o a todas las personas en las que dejó huella con pequeños actos?

No. Pero no cabe duda de que *quería* hacerlo.

¿Glenn Cunningham *tenía que* acoger a nueve mil niños?

No. Pero no cabe duda de que *quería* hacerlo.

¿El enfermero Roy *tenía que* prometerme que volvería a caminar?

No. Pero no cabe duda de que *quería* hacerlo.

Ésta es la última decisión que debes tomar, la más importante, la que te permitirá empezar a vivir una vida radicalmente inspirada.

NO PUEDES HACER NADA POR EVITARLO

Ése es el secreto.

Si deseas transformar tu vida para dejar de tener una serie de obligaciones y disfrutar de una larga lista de momentos de alegría, debes conocer el secreto.

El amor no está reservado para el círculo más íntimo de amigos y familiares, sino que está destinado a ser la divisa del mundo. Un regalo para todo aquél con el que te cruces.

Déjame elaborar la idea.

Cada día debemos elegir cómo enfrentarnos a cada momento. Somos libres de vivir condicionados por el miedo: ¿cómo se va a aprovechar ese tipo de mí? Será mejor que apriete el puño. O será mejor que me mantenga alerta, ese tipo puede robarme la cuenta. O, vale, ya llego tarde, voy a pasar de la gente, mantener la vista en el suelo y preocuparme sólo de mí. Mis necesidades, mis objetivos, mi vida. Yo. Miedo, frustración, enojo antes incluso de darle a la otra persona una oportunidad.

No obstante, también podemos abrir de par en par las puertas de la posibilidad, como hizo mi padre aquella mañana en urgencias.

De acuerdo, ¿estás preparado para conocer el secreto?

Es una frase que debes repetirte cada vez que te encuentres con alguien.

No te va a gustar.

¿Cómo lo sé?

Porque esto es lo que ocurre cuando revelo mi secreto en mis charlas.

—Volveos a la persona que tenéis al lado y decirle «Hola».

Por muy grande o pequeño que sea el grupo, todo el mundo hace bien esta parte. Así que oigo un coro de «holas».

—Lo habéis hecho muy bien, de verdad. Ahora decirle lo siguiente: «Mmm, yo también me siento raro».

La gente ríe y lo repite.

—¡Fabuloso! ¡Lo estáis haciendo genial! Aquí viene lo siguiente: «Te quiero y no puedes hacer nada por evitarlo».

Una pausa incómoda. La gente se mueve en sus asientos.

—Vale –digo–. Intentémoslo otra vez: «Te quiero y no puedes hacer nada por evitarlo».

Lentamente, la gente empieza a murmurar la frase.

¿Qué le ocurre a nuestra cultura para que nos cueste tanto expresar amor? ¿Por qué es algo que contenemos tanto, como si fuera una valiosa mercancía que una vez dada no podemos recuperar?

Verás, el amor se multiplica.

En este punto debo empujarlos un poco.

—Venga, ¿qué ha sido eso? ¿En serio es así como le decís a alguien que le queréis? ¡Levantad la voz, con convicción! *¡Te quiero y no puedes hacer nada por evitarlo!*

Por fin la gente se lanza. La sala se llena de risas. Noto el cambio de inmediato. La gente levanta las barreras, se deshace de su ego y comprende que acercarse a cualquiera, incluso a un total desconocido, es posible, intenso y un regalo para todos los implicados.

Este ejercicio no sirve sólo para hacer reír a la gente. No es algo que recomendaría utilizar para ligar en la barra de un bar. No. Venga, ¡si tú no lo necesitas! Sin embargo, nos ayuda a reflexionar: ¿y si afrontáramos cada momento de nuestra vida a través del prisma del amor y no del miedo?

Tu pareja por la mañana: ¡Te quiero y no puedes hacer nada por evitarlo!

El conductor que se cruza delante de tu vehículo en la hora punta: ¡Te quiero y no puedes hacer nada por evitarlo!

El telefonista indiferente de la línea de atención al cliente: ¡Te quiero y no puedes hacer nada por evitarlo!

El compañero de trabajo difícil: ¡Te quiero y no puedes hacer nada por evitarlo!

La mamá al otro lado del parque infantil que no le quita el ojo a tus hijos: ¡Te quiero y no puedes hacer nada por evitarlo!

Mediante estas palabras podemos centrarnos en los demás, en sus necesidades y en lo que nos están diciendo. Nos ayudan a prestar atención a lo que puedan necesitar en un momento dado, en lugar de a lo que puedan arrebatarnos o a lo que puedas obtener de ellos. Y nos mantienen centrados en el presente, en la posibilidad que habita en ese instante sagrado y evocador.

La pausa y las palabras también resultan beneficiosas para ti. Las palabras permiten que te centres en la persona más importante de tu vida: tú mismo. Te confieren el poder para descubrir la vida y las posibilidades que se ocultan en cada momento. Te permiten dedicar un tiempo para ti mismo, tu salud, tu espíritu. Porque si no eres capaz de cuidar de ti mismo, es muy difícil, quizá imposible, que dispongas de la energía necesaria para alentar y ayudar a los demás.

Al decir *Te quiero* estamos levantando nuestras barreras y fomentando que los demás hagan lo mismo.

Te permite conseguir grandes metas concentrándote en las pequeñas cosas.

Cuando lo haces, tu vida se convierte en una serie de *quieros,* en una sinfonía a la alegría.

Que suene la música.

PAPÁ DECIDE

¿Me prestas el coche?

Es una pregunta que todos los chicos hacen alguna vez a sus padres. Yo se lo pregunté al mío en mi segundo año de universidad.

Eran las vacaciones de primavera, mis amigos iban a esquiar y necesitábamos un coche fiable con el que poder circular sobre la nieve. Mi padre se acababa de comprar un Toyota 4Runner. Tenía CD, asientos de cuero, techo solar y menos de mil quinientos kilómetros. Y tracción a las cuatro ruedas. Era perfecto.

Mi padre cambió su hermoso vehículo gris por mi vieja chatarra. Lo abracé y le di las gracias. Le prometí que tendría cuidado. Cargué el maletero, pasé a recoger a uno de mis amigos de la universidad y pusimos rumbo a Colorado, donde nos esperaba el resto del grupo.

Salimos al anochecer.

A medianoche, cuando circulábamos por Kansas, empezó a nevar.

Me detuve cerca de la frontera con Colorado; estaba demasiado cansado para seguir conduciendo. Mi amigo, con los ojos como platos gracias al café, me sustituyó al volante. Me aseguró que no estaba cansado y que tenía ganas de conducir.

Cerré los ojos.

Diez minutos más tarde desperté al golpearme la cabeza con la ventanilla.

Rob había perdido el control del vehículo. El coche, tras circular a toda velocidad y sin control por la autopista, se estampó con fuerza contra la barrera de la derecha, giró 360 grados, cruzó la mediana de la autopista, golpeó contra el guardarraíl derecho, rebotó y giramos otra vez en redondo. Por fin nos detuvimos… en sentido contrario.

Físicamente estábamos bien. Pero el coche no se ponía en marcha. Las luces de los enormes camiones nos cegaban, los cláxones sonaban a nuestro alrededor y la nieve no dejaba de caer.

—¡Tenemos que sacar el coche de aquí! –grité. El miedo me tenía totalmente paralizado. *¿Cómo íbamos a salir de ésta?*

—Creo que la única forma es salir y empujar –dijo Rob con una expresión en su rostro que decía a las claras que a él tampoco le apetecía salir. Pero no podíamos continuar allí sentados; era una trampa mortal.

Bajamos del vehículo y lo empujamos como buenamente pudimos sobre la nieve. Lo sacamos de la autopista hasta dejarlo en la cuneta, fuera de peligro. Tenía mucho frío. Era de madrugada y estábamos en mitad de ninguna parte. El viento soplaba con fuerza, seguía nevando, pero al menos estábamos fuera de la autopista.

Volvimos a entrar en el coche para calentarnos. Pero incluso dentro hacía frío.

Después de intentarlo varias veces sin éxito, por fin conseguimos poner en marcha el motor. Di la vuelta y empecé a circular lentamente en la dirección de la vía. Avanzamos a paso de tortuga; el parachoques rozaba con el asfalto y los guardabarros con las ruedas delanteras. Estábamos al este del estado de Colorado y la civilización parecía muy lejos de allí. Teníamos miedo de quedarnos tirados.

Tras conducir con sumo cuidado durante varios kilómetros, distinguimos unas débiles luces en la distancia. Un oasis, un pequeño pueblo, una esperanza. Nos dirigimos precariamente hacia la luz, dejamos atrás la autopista, llegamos al pueblo y encontramos un motel.

Nos dieron una habitación a las 3:30 de la madrugada.

Subimos a la habitación.

Nos metimos en la cama.

Mi amigo empezó a roncar inmediatamente.

Sin embargo, yo no podía dormir. El corazón y la cabeza me iban a mil. Aquella noche no pegué ojo.

No porque me preocupara lo que había ocurrido. Ni por agradecimiento a los dos guardarraíles que habían evitado que desapareciéramos en mitad de la noche. Ni por el frío que aún sentía en los huesos. No.

Lo que no me dejaba dormir era la perspectiva de tener que llamar a mi padre y explicarle lo que había pasado.

El 4Runner era nuevo. Le había prometido que iría con cuidado. Y ahora tenía que contarle que su flamante coche estaba medio machacado en un pueblo de mala muerte de Colorado. Quiero a mis padres y no me gusta decepcionarlos. No soporto la idea de traicionar su confianza.

A las seis de la mañana salí de la habitación, bajé al vestíbulo, pedí un café y llamé a mi padre.

Suele levantarse muy temprano. Aquel día contestó con voz risueña:

—Hola.

Di un largo trago de café, respiré hondo y se lo dije. *Hola, papá. Rob y yo estamos bien pero anoche tuvimos un accidente en Colorado.*

—¿Te encuentras bien?

Sí, papá. Pero el coche tiene un montón de golpes. Me siento fatal. Nos lo dejaste y…

—Escucha, John. El coche no me preocupa. Eso es fácil de solucionar. Me alegro de que los dos estéis bien. ¿Necesitas que te consiga otro coche?

Ya nos apañaremos, papá.

—¿Seguro que estás bien?

Sí, de verdad. Pero me siento fatal de que haya pasado esto. Lo siento. Te compensaré. Cuando vuelva a casa, voy a...

—John, el coche puede arreglarse. Que lo remolquen hasta aquí, coged uno de alquiler y tened cuidado esquiando. Disfrutad. Te quiero.

Yo también te quiero.

Colgué.

Eso es todo.

Me había equivocado preocupándome por la reacción de mi padre.

Otra vez.

Su respuesta se basaba en el amor.

Otra vez.

¡Te quiero y no puedes hacer nada por evitarlo!

Pese a no pronunciar esas palabras, ése era el sentimiento que había expresado mi padre al decir que no le preocupaba el coche, que sólo le interesaba saber si yo estaba bien. Lo mismo que había querido expresar tantos años atrás en el hospital cuando dijo que me quería. *Me has quemado el garaje, casi te matas, no podremos vivir en casa durante meses, pero te quiero. Te quiero y hagas lo que hagas te seguiré queriendo.*

El mismo sentimiento que veo reproducido en Beth cuando me da la bienvenida, me sonríe, me quiere incluso cuando he de viajar continuamente. Llego a casa exhausto y no soy perfecto. *¡Te quiero y no puedes hacer nada por evitarlo!* Y evidentemente lo veo reflejado en ella mientras criamos a nuestros hijos... ¡aunque a veces pongan a prueba ese amor!

El amor hace que te centres sólo en lo que realmente importa.

Sin él, nos quedaríamos congelados en mitad de la oscuridad.

Con él, iluminamos el mundo.

LOS MILAGROS EXISTEN

El amor es el sentimiento más poderoso que existe.

Y ese poderoso sentimiento estaba a punto de volver a brillar con fuerza.

Casi dos décadas después de que mi padre me viera en la sala de urgencias del St. John's Mercy, tuve que llamarle desde ese mismo hospital. Eran las dos de la madrugada del 14 de noviembre de 2005. Llamé a casa y lo desperté. Nunca había pasado por algo así y lo necesitaba a mi lado lo antes posible. Sabía que despertaría a mi madre, se vestiría y subiría al coche en un abrir y cerrar de ojos.

Menos de una hora después, reconocí su voz desde la habitación:

—¿Dónde está mi hijo John?

Sabía que vendría.

Y también cómo iba a reaccionar.

Por fin, en aquel punto de mi vida, conocía a mi padre.

Conocía el amor.

Entró en la habitación, se acercó a Beth, tumbada en la cama, y la besó en la mejilla.

Entonces se acercó hasta donde yo estaba, sentado en una silla.

Me miró desde arriba.

Se le llenaron los ojos de lágrimas.

Se inclinó.

Me miró a los ojos.

Fijamente.

Y entonces dijo con un hilo de voz:

—John, te quiero mucho y estoy muy orgulloso de ti.

Se inclinó y besó la suave pelusilla de la cabeza de Jack, mi hijo recién nacido.

Le devolví la mirada, los ojos también llenos de lágrimas y el corazón henchido de orgullo.

Sabía que estaba pensando que había llegado muy lejos. Que él también recordaba los miedos que me habían dominado al salir del hospital.

Y allí estaba ahora, años más tarde, con un niño entre los brazos.

Ahora también yo era padre.

Era un milagro.

Si hacía años había llegado al hospital para enfrentarse a la peor pesadilla de un padre, ahora despertábamos juntos del mejor sueño que puede tener un padre.

Habíamos llegado muy lejos.

Personal médico, hermanos, padres, famosos, familiares, amigos y desconocidos. Todos habían trabajado con ahínco.

Un niño de nueve años había luchado hasta la extenuación.

Dios lo había orquestado todo.

Y el amor había sido el combustible.

Qué fuerza más sorprendente, estimulante y liberadora. Y no es sólo para tu pareja y tus hijos, para tu madre y tu padre. No es sólo una emoción reservada para tu equipo favorito, tu programa de televisión predilecto o tu lugar de vacaciones preferido.

No, es un prisma a través del cual puedes contemplar la vida.

Y al hacerlo, la vida se convierte en una serie de oportunidades, en una progresión de milagros y puedes caminar por ella no como un viejo amargado, asustado por lo que puede haber detrás de cada esquina, sino como un niño enérgico y enamorado de la vida.

¿Estás listo para unirte a mí?

MIEDO FRENTE A AMOR

Amaré la vida porque me muestra el camino; soportaré la oscuridad porque me muestra las estrellas.

—Og Mandino

Según un mito, el amor es débil.

La verdad es que, a veces, el amor también es resistente.
El amor te obliga a pasar a la acción. No es un sentimiento confuso.
Amar es un verbo, no es egoísta y te impulsa a actuar, normalmente
en beneficio de los demás. Verás, el miedo es siempre egoísta.
Se centra en lo que puedes obtener, en lo que necesitas,
en lo que te puede suceder.
¿Y el amor? El amor siempre piensa en los demás.
Y al preocuparte sinceramente por los demás,
te preocupas de ti mismo.
Éste es tu punto de inflexión: ¿miedo o amor? ¿Tengo que o quiero?
Sólo tienes una vida. ¿Quieres vivirla atenazado por el miedo,
preocupado por cosas que tal vez nunca sucedan, negándote las
posibilidades que acechan detrás de cada esquina?
¿Viviendo con la mentalidad del *tengo que?*
¿O prefieres levantarte cada mañana lleno de energía,
consciente del poder que atesoras para cambiar tu vida, y la vida
de los demás, viviendo cada día lleno del fuego del amor?
¿Ansioso por descubrir qué hay detrás de cada esquina?
Cada día podemos tomar la decisión: apartar a la gente
o abrir nuestro corazón; apretar los puños o abrir los brazos.
Nuestra decisión puede transformar muchas vidas.
Empezando por la nuestra.
Verás, cuando te deshaces del miedo, puedes finalmente
acoger entre tus brazos el amor y la alegría que llevan
esperándote desde hace tiempo.

Elige el amor.

CONCLUSIÓN:

EL DESPERTAR

No es lo mismo salir de la cama
que estar completamente despierto.

Hoy he recibido un regalo maravilloso.

Lo necesitaba.

Hace dos semanas los médicos me injertaron piel en la espalda.

Desde entonces he estado tumbado boca abajo porque no puedo recibir ningún tipo de presión en la espalda.

Catorce días mirando hacia abajo a través de un orificio en la cama.

Catorce días contemplando el mismo azulejo gris.

Pero entonces ha llegado él.

Me encanta el hockey *y Gino Cavallini es mi jugador favorito de los St. Louis Blues. Lleva visitándome desde hace aproximadamente un mes.*

Es muy majo.

Hoy ha entrado en la habitación.

Se ha puesto de rodillas.

Me ha mirado a través del orificio del colchón.

Me ha sonreído.

—¿Cómo lo llevas, superestrella?

Estaba dolorido, atado a una cama, mirando a través de un orificio, incapaz prácticamente de decir nada. Y llevaba dos semanas en la misma posición. De modo que le dije: «Fantástico».

Pero creo que él se dio cuenta de que no lo decía en serio.

—Superestrella, en el partido de esta noche voy a hacer algo por ti. Voy a dedicarte un gol.

Ya he dicho que me encanta el hockey.

Sigo todos los partidos de los Blues.

Y lo sé todo sobre Gino.

Digamos que es más un jugador duro que un goleador.

No quería que se sintiera decepcionado consigo mismo o que creyera que me estaba decepcionando a mí.

De modo que le miré a los ojos a través del orificio de la cama y le dije:

—Gino, haznos un favor a los dos. Mejor será que te metas en una pelea.

Se echó a reír.

Entonces levantó la mirada. Seguía arrodillado en el suelo. Siguió sonriendo y dijo:

—¡Está bien, superestrella! Como quieras. ¡Esta noche, si no marco un gol, te prometo que empezaré una pelea!

Charlamos un rato más.

Y se marchó para prepararse para el partido.

Aquella noche, mis padres se sentaron uno al lado del otro a los pies de mi cama mientras escuchábamos el partido de hockey.

En lugar de mirar el suelo, cerré los ojos e imaginé que estaba en el partido. Escuchar un partido de hockey *por la radio se parece bastante a escuchar una subasta…, el ritmo es diabólico, es emocionante, pero no siempre sabes qué está pasando.*

¡Y entonces pasó!

¡Hacia el final de la primera parte, con 1 a 1 en el marcador, mi amigo Gino Cavallini cumplió su promesa!

¡En serio, lo consiguió!

Se produjo una pelea multitudinaria cerca del centro del terreno de juego. Gino se quitó los guantes y empezó una pelea.

Sonreí de oreja a oreja al imaginarle dándose mamporros con un jugador del otro equipo. ¡Y dedicándomelo a mí!

¡Sabía que podía hacerlo!

Durante unos instantes floté sobre la cama. ¡No podía creer que lo hubiera hecho! Guau, cuando mis colegas se enteraran... Gino había empezado una pelea. Por mí.

Aunque a Gino lo expulsaron por pelearse, el partido continuó.

Y nosotros seguimos escuchando la retransmisión.

Hacia el final del partido, Gino me hizo otro regalo.

El partido estaba empatado a 2 tantos.

Cada vez quedaba menos tiempo.

Entonces el locutor empezó a gritar de emoción.

Se oyó el estruendo de una bocina.

Siempre sonaba cuando se marcaba un gol.

El locutor anunció que los Blues acababan de ponerse por delante en el marcador, 3 a 2.

El gol de la victoria lo había marcado Gino Cavallini.

Los equipos siempre celebran los goles.

El locutor dijo que en esta ocasión hubo palmadas, abrazos y... lágrimas.

Algo muy extraño en un partido de hockey.

En definitiva, aunque sabía que Gino no solía marcar muchos goles, no entendía por qué tanto él como el resto de los jugadores estaban tan emocionados que incluso estaban llorando. Mamá dijo algo así como que la alegría los embargaba..., que el objetivo era algo mucho más importante que un simple partido de hockey*..., algo así como que aquella noche el objetivo lo compartía todo el equipo..., el objetivo de que yo continuara luchando.*

Yo no sabía nada de eso.

Estaba contento simplemente porque Gino había empezado una pelea.

Cuando terminó el partido, me dispuse a dormir.

Horas más tarde oí un alboroto en el pasillo.

A los jugadores de hockey *les encanta celebrar las victorias. Y suelen hacerlo en los bares.*

Pero aquella noche fue diferente.

Gino, sus compañeros de los Saint Louis Blues y una mascota azul de dos metros salieron juntos para celebrar la victoria.

Compraron dos docenas de pizzas.

Unas cuantas botellas de refrescos.

Se dirigieron al aparcamiento de un hospital.

Subieron en el ascensor hasta la cuarta planta.

Y vinieron a la unidad de quemados para hacer una fiesta.

Mamá entró, se puso de rodillas y me dio un golpecito en el hombro para despertarme.

—Han venido unos cuantos chicos del partido para verte –me dijo.

Gino apareció por la puerta.

Tenía las manos ocupadas.

Con un plato de pizza, un gran vaso de refresco, el palo con el que había marcado el gol y un animal de peluche azul de dos metros.

Aquella noche lo celebramos.

La fiesta duró hasta las dos de la madrugada.

Cuando las enfermeras echaron a Gino y a sus amigos.

Antes de irse, Gino se arrodilló a mi lado.

Me miró a través del orificio en la cama.

Me sonrió y me preguntó:

—¿Cómo lo llevas ahora, superestrella?

Miré a mi amigo.

Sonreí.

Y respondí:

—Fantástico.

~ ~

Estábamos en el andén.

Los tres chicos muy cerca de la vía, con la cabeza girada hacia la izquierda, mirando hacia el oeste. Esperaban emocionados la llegada del próximo tren a la estación. Yo tenía a su hermana pequeña en brazos, quien parecía sentir curiosidad por lo que provocaba semejante excitación en sus hermanos.

Era un frío y tranquilo sábado por la mañana y nos íbamos de aventura. Mis hijos y yo estábamos a punto de tomar un tren para ir a la gran ciudad. Allí comeríamos y, como colofón, subiríamos al Arco Gateway. Después de varios días viajando necesitaba pasar unas cuantas horas solo con mis hijos. Y después de haberse encargado de ellos prácticamente una semana entera ella sola, a mi maravillosa mujer seguramente no le importaba mucho tener algo de tiempo para ella.

—¡Oh, Dios mío, creo que ya llega! ¡Sí, ahí está! ¡Chicos, ya está aquí! –dijo uno de mis hijos a voz en cuello.

Cuando el tren se acercó a la estación, les ordené que se apartaran de la vía.

Mis tres hijos prácticamente saltaron del andén y subieron al tren. ¡Estaban muy emocionados!

Encontramos un sitio vacío en la parte de atrás y nos acomodamos.

El tren estaba lleno. Algunos pasajeros tenían los ojos cerrados, otros estaban concentrados en sus móviles, mientras otros miraban fijamente por la ventanilla. Soportaban como podían el trayecto deseando llegar a su destino. Cansados. Aburridos. Sobreviviendo.

Y después estaban mis chicos.

Era la primera vez que subían a un tren. Rebosaban alegría y señalaban todo lo que les llamaba la atención, abrían los ojos como platos cuando circulábamos por un túnel y gritaban cada vez que cruzábamos un puente. Los cuatro estaban disfrutando el viaje de lo lindo.

Excitados.

Despiertos.

Vivos.

Geniales.

Estaban enardecidos.

¿Por qué era la misma experiencia tan distinta para ellos?

Era el mismo tren.

El mismo viaje.

La misma vista.

La misma salida para muchos de nosotros.

Y, a pesar de eso, era una experiencia totalmente distinta para el pasajero tipo y para mis hijos.

¿Por qué?

La respuesta fácil es que son niños, era su primera vez y la primera vez siempre es memorable.

Pero eso no puede ser todo.

Mis hijos estaban totalmente despiertos. Sabían que estaban viviendo una aventura. Y no querían perderse ni un solo instante.

Por desgracia, cuando llegamos a la edad adulta perdemos ese entusiasmo y nuestra vida se convierte en una serie de tareas. Aprendemos a pasar de una cosa a otra sin prestar atención a lo que tenemos delante. Somos sonámbulos. La gran aventura de la vida pierde parte de su encanto.

Sin embargo, no siempre fue así. ¿Recuerdas la intensa emoción que sentiste al hacer algo por primera vez?

A medida que nos hacemos mayores, más lejanos nos parecen esos momentos.

Pero busca en el fondo de tu memoria.

El primer día de escuela.

La primera vez que condujiste.

El primer beso, el primer baile, la primera representación.

Por un instante te sentiste completamente vivo, conectado, presente. Para ti sólo existía aquel momento. Te sentías enardecido por la anticipación, la emoción, la vida.

Ah, pero entonces llegó el segundo día de escuela, el segundo beso, otro baile.

Y después el tercero.

Con el tiempo, la emoción se diluye y la vida se convierte en una serie de experiencias pasadas. El entusiasmo desaparece. El aburrimiento se asienta en tu vida.

Pero no tiene por qué ser así.

¿Podemos aprender a vivir cada día completamente despiertos? ¿Totalmente implicados con la vida?

¿Como si cada experiencia fuera una novedad?

A estas alturas ya conoces mi respuesta.

IMAGÍNATELO

En mi despacho tengo un tablón de anuncios.

En él cuelgo las notas que me envían clientes, personas que han asistido a mis charlas y amigos. Las cartas las escriben niños, ejecutivos, presos, enfermeras, comerciales, pacientes, camioneros y profesores. Me recuerdan que mi trabajo es importante y me animan a seguir adelante.

También cuelgo obras artísticas y fotografías.

En una se ve a un operario trabajando en un poste eléctrico. Me recuerda a mis amigos de la compañía eléctrica de Alabama, y al hermoso regalo que me hicieron invitando al enfermero Roy. También hay una pintura donde aparece Jack Buck. Está retransmitiendo un partido y frente a él hay un gran micrófono. Varios dibujos con ceras que aprecio especialmente. Todos son de jóvenes artistas que comparten el mismo apellido, O'Leary…, y todos viven en mi casa.

Y después está mi fotografía favorita.

Fue tomada en una habitación de hospital y en ella aparezco yo junto a una señora mayor. Ella está en la cama.

Por su aspecto, parece llevar en cama una buena temporada. Me está hablando seriamente. Yo la escucho con atención. Pero en mi rostro también hay una sonrisa.

Se llamaba hermana Gertrude y la conocí mientras preparaba una conferencia a los líderes del SSM Health. Dado que quería conocer a las monjas que habían ayudado a crear el hospital e iniciado el proyecto, hice una visita al centro geriátrico donde entonces vivían muchas de aquellas monjas.

Cuando llegué, la hermana Gertrude me indicó que me sentara y me dijo que acercara la silla a la cama.

Entonces añadió: «Más cerca».

Era su habitación y su casa. ¡Ella mandaba!

Me pidió que le diera la mano, me miró fijamente a los ojos y empezó a hacerme un montón de preguntas sobre mi vida. Quería saberlo todo acerca de mi trabajo, mi vida espiritual y mi familia. Enseguida comprendí que, aunque aquella mujer llevaba seis años en cama, estaba tan viva, tenía tanta energía y su presencia era tan arrolladora como mis hijos en aquel tren.

¡No llevaba nada mal los 105 años!

La visita fue increíble. Al prepararme para irme, me habló con total franqueza:

—John —me dijo, sus ojos azules llenos de brillo—, escúchame. Tienes que despertar. Tu familia necesita tu liderazgo. Ya es hora de que despiertes. Deja a un lado la pereza. Se han acabado las excusas. Deja de caminar como un sonámbulo. ¡Es hora de despertar!

No dijo nada de rezar a diario (aunque eso es algo que tengo intención de hacer).

Tampoco me prometió ningún milagro (aunque sé que siempre se producen).

Puso mi destino en mis propias manos.

Es hora de despertar.

El sencillo mantra de una mujer formidable.

Cada vez que miro la fotografía de la hermana Gertrude recuerdo su entusiasmo, su valentía y su fidelidad. También pienso en las otras muchas personas que me han dado el mismo consejo.

Por ejemplo, ¿qué me dijo mi hermano Jim el día del incendio mientras tiritaba por la conmoción sobre la nieve de San Luis?

—¡John, despierta! ¡No puedes quedarte dormido!

¿Qué me decía Jack Buck cada día que venía a verme al hospital?

—¡Chaval, despierta!

En la universidad, los profesores siempre me gritaban: «¡O'Leary, despierte!» (tenía tendencia a soñar despierto en clase). Todo buen líder espiritual destaca la importancia de estar totalmente despiertos; de aprender a vivir el presente. No centrados en si las cosas pueden mejorar en el futuro. Ni paralizados por el remordimiento o la derrota por algo que sucedió en el pasado. Aquí. En este instante. Hoy.

El nombre de *Buda* significa «despierto» o «estoy despierto». El núcleo de mi fe, Jesús, a menudo animaba a sus seguidores a despertar, a prestar atención, a mantenerse alerta, a estar preparado. Parte de sus últimas palabras en el huerto de Getsemaní giran en torno a la necesidad de mantenernos despiertos.

La decisión de estar totalmente despiertos es tan importante como el resto de las decisiones que aparecen en este libro. De hecho, las siete decisiones carecen de importancia si antes no has abierto los ojos de verdad. Ninguna de las otras decisiones será relevante si no buscas de forma activa los puntos de inflexión en cada momento, consciente de que este instante, ahora mismo, es el más importante de tu vida.

Cada día puede suceder un milagro.

Cada instante, tanto los aparentemente positivos como los negativos, ofrece nuevas oportunidades de belleza y esperanza.

Pero, para ver, antes debes abrir los ojos. Debes despertar.

UNA SEGUNDA OPORTUNIDAD

Beth y yo corrimos hacia el coche.

Subimos rápidamente.

Arranqué, salí del garaje marcha atrás y pisé el acelerador.

Sólo unos minutos antes estábamos durmiendo. Era sábado por la mañana y el teléfono nos había despertado. Todavía medio dormido, me costó encontrar el aparato.

—¿Diga?

Oí la voz de mi madre.

Parecía preocupada y hablaba en susurros.

La escuché, me quedé sin aliento y respondí.

Ahora mismo voy.

Beth y yo no nos dijimos nada mientras íbamos en el coche.

Tampoco sabíamos qué decir.

No tardamos mucho en llegar.

Doblé en la esquina de la calle.

El camino de entrada lo he recorrido millones de veces. De casa a la escuela, para ir a la iglesia o salir a comer. Para ir a casa de mis amigos y en fiestas familiares. Para volver a casa después de cinco meses en el hospital.

Lo conocía bien.

Me encantaba.

Pero aquel momento fue distinto.

Aquel día lo temía.

Cuando nos acercamos a la casa, aumentó mi preocupación.

Vi el humo desde lejos, incluso antes de ver la casa.

La cinta policial amarilla impedía el paso.

Varios camiones de bomberos estaban aparcados delante, las mangueras conectadas a las bocas de incendios.

Los trabajos se centraban en la casa de mis padres.

Estaba ardiendo.

Otra vez.

¿Cómo podía estar sucediendo aquello?

¿Cuáles eran las probabilidades?

No podía creerlo.

Detuve el coche, bajé y me quedé mirando la casa.

El corazón se me encogió al ver el espeso humo elevándose desde las ventanas. Casi me mareo al ver cómo los bomberos rompían los cristales. Las llamas se elevaban más allá del tejado y el humo ascendía hacia el cielo.

Mis padres estaban en una pequeña colina situada junto a la casa, sentados bajo un roble. Rodeándose con los brazos. Contemplando cómo ardía su casa.

Por segunda vez.

Por la mañana habían estado trabajando en el jardín.

Uno de los dos puso algo en la tostadora y volvió a salir para seguir trabajando. La tostadora debió de atascarse y brotaron llamas. Éstas prendieron el papel de pared, un armario y se extendieron por toda la cocina. Cuando oyeron la alarma antiincendios y vieron el humo, el fuego era ya tan intenso que no pudieron ni entrar en la casa.

Para cuando despertaron a un vecino, llamaron al 911 y llegaron los bomberos, ya era demasiado tarde. La casa de mis padres estaba totalmente en llamas.

Sí, los dos estaban bien. Ninguno de los dos estaba herido.

Todos dábamos gracias por ello.

Pero era doloroso.

Era un revés.

Una gran contrariedad.

En aquella colina, mientras observábamos juntos y con los ojos llenos de lágrimas cómo se quemaba nuestra casa, empezamos a pensar qué haríamos a partir de entonces.

Mis padres tendrían que encontrar un nuevo lugar para vivir. Necesitarían comprar ropa nueva, las medicinas de papá, productos de tocador para mi madre. Tendrían que reconstruir su vida. Y su casa.

Entonces los abracé a los dos y les dije:

No os preocupéis. Todo se solucionará.

Lo dije con convicción.

Años atrás la gente se había burlado de mí cuando les dije que iba a trabajar en la construcción.

¿Por qué una persona sin dedos, que no tolera bien el calor, licenciado en económicas, escogía una profesión que le iba a producir problemas de piel, que le haría sudar todo el día y en la que cada día llegaría a casa exhausto… sólo para empezar otra vez a la mañana siguiente?

A veces yo también me pregunto por qué lo hice.

Pero, en el fondo, conozco la respuesta.

Desde el incendio, me había esforzado mucho para superar las posibles limitaciones y demostrar a la gente que podía hacer cualquier cosa que me propusiera. Evidentemente, podría haber elegido un trabajo de despacho. Pero, en su lugar, decidí clavar clavos, subir escaleras y hacer el trabajo físico que la gente asumía que no podía hacer.

Sin embargo, mientras contemplaba cómo volvía a quemarse la casa de mi infancia, finalmente comprendí que detrás de todo aquello había un propósito.

Por fin tenía ante mí algo que valía la pena construir.

Podía reconstruir la misma casa que había ardido por mi culpa hacía más de veinte años.

Podía cargar sobre mis hombros con gran parte del estrés, la tristeza y la responsabilidad que, de otro modo, hubiera recaído en mis padres.

Podía hacerles a mis padres aquel pequeño regalo.

Mis padres me habían regalado la vida, me habían querido, me habían ayudado a recuperarme después del incendio y me habían apoyado y animado durante todos aquellos años.

En otras palabras, me habían dado mucho amor.

Ahora yo tenía la oportunidad de devolverles parte de aquel amor.

Un poco más tarde, aquel mismo día, mientras los camiones de bomberos se iban, entramos en la casa. Todo estaba oscuro y chamuscado. Costaba respirar debido al horrible hedor de los escombros quemados. Reunimos todo lo que se había salvado del fuego. Aún nos quedaban unos cuantos álbumes de fotos. Aún nos quedaba nuestra familia y nuestros amigos. Aún nos quedaba nuestra creencia de que Dios actúa a través de las pequeñas cosas. Y sabíamos, con una certeza absoluta, que a pesar de todas aquellas cenizas, lo mejor estaba aún por llegar.

Sabíamos que podíamos reconstruir.

Sabíamos que todo se solucionaría.

Y conocíamos la verdad que se oculta tras las palabras que Marshal Ferdinand Foch escribió hace un siglo: «El arma más poderosa que existe es el alma humana en llamas».

¿QUÉ SIGNIFICADO TIENE PARA MÍ?

Era la primera vez que daba una charla en el extranjero.

Estaba nervioso e inseguro.

Aún no sabía cómo contar mi historia exactamente ni qué significado podía tener para el público asistente. *Yo* necesitaba *su* aprobación. Una actitud que no lleva a ninguna parte en la vida, y evidentemente tampoco en una conferencia.

Durante la fase de preguntas y respuestas, un caballero sentado en la parte de atrás de la sala se puso de pie. Cuando le pasaron el micrófono, me dio las gracias por mi tiempo, por haber compartido mi historia y por mi valentía. Entonces añadió: «Pero…».

¡Odio esa palabra! ¡Borra e invalida todo lo anterior!

—Pero ¿qué tiene que ver todo eso conmigo?

¡Una buena pregunta!

Amigo mío, a estas alturas del libro espero que ya seas capaz de responder a esa pregunta sin mi ayuda. Que comprendas el inmenso poder de las decisiones que tomas a diario. Confío en que seas consciente de lo hermosa que es la historia de tu vida.

Pero es necesario que tengas la visión para reconocerlo.

Aunque no sea exactamente la vida que habías soñado, es tu vida. Y el futuro sólo depende de ti.

Tal vez sea el momento de dejar de desear ser otra persona. Tal vez sea el momento de despertar y reconocer todo lo bello que hay en tu vida. ¿Las cosas eran perfectas cuando Gino entró en mi habitación, victorioso y emocionado por haber marcado aquel gol?

¡Por supuesto que no! ¡Estaba tendido boca abajo en una maldita cama de hospital! Tenía todo el cuerpo en carne viva y el dolor era insufrible.

¡Aun así, fui capaz de ver la oportunidad de celebrar una buena fiesta!

Puede que tu vida no sea perfecta.

Rara vez lo es.

La clave, por tanto, está en tomar la decisión de disfrutar de la imperfección, incluso si sientes dolor, tienes los brazos inmovilizados y estás atado a una cama.

No puedes esperar a que las circunstancias sean perfectas para participar de la fiesta. Ha llegado el momento de que despiertes y te unas a la celebración. Porque cada momento es importante. Cada día es decisivo. Cada minuto es una oportunidad.

Espero que veas mi historia como un canto a la vida más allá de las adversidades. Por muy grave que parezca el problema, no es el final de la historia. Si eres capaz de aprender a verlo como una oportunidad para superarte, aprender, mejorar, despertar y preguntarte *¿adónde me lleva esto?,* descubrirás tu fuerza interior. Una fuerza que es más que suficiente.

Hay una cita que me encanta. Algunos se la atribuyen a John Lennon. «Al final todo se arregla. Y si no se arregla, es que aún no es el final».

Si no se arregla…, es que aún no es el final.

Para mí eso es la fe.

Si la gente ve la fotografía en la que estoy tendido en una cama de hospital la primera noche después del incendio, puede que piense que mi vida es una tragedia. Pero si rebobinamos hacia adelante veinte años, verá la instantánea en la que estoy esperando en el altar a que una hermosa mujer, el amor de mi vida, recorra el pasillo central de la iglesia.

«Si no se arregla, es que aún no es el final».

Si la gente viera una fotografía en la que estoy hablando a cuatro *girl Scouts,* detrás de un pupitre, la vista clavada en una hoja de papel, abrumado por la situación, llegaría a la conclusión de que lo mejor para aquel pobre tipo era que encontrara otro trabajo. Pero si avanzáramos diez años, verían una fotografía en la que estoy hablando delante de miles de personas.

«Si no se arregla, es que aún no es el final».

Y si la gente viera una fotografía en la que agarro un martillo entre dos manos sin dedos, pensaría que aquel chico se había equivocado de camino. Pero si avanzáramos hasta poco después del incendio en casa de mis padres, verían a un líder decidido organizando la rápida reconstrucción de un hogar devastado por el fuego.

«Si no se arregla, es que aún no es el final».

Siempre se presenta una oportunidad para la redención.

Siempre podremos reconstruir.

Siempre hay un milagro esperando detrás de la esquina.

Pero debes abrir bien los ojos para verlo.

Este libro es una invitación para que empieces a vivir tu vida de un modo distinto.

Ahora ya sabes cómo hacerlo.

Sabes que posees la capacidad.

Puedes volver a echarte la siesta o seguir siendo un sonámbulo en el país de los zombis.

Pero no te confundas: no es lo mismo salir de la cama que estar despierto.

No es lo mismo estar superocupado que ser eficaz.

Y no es lo mismo no estar muerto que estar completamente vivo.

Ésta es tu oportunidad. Puedes salir de la cama, ver el punto de inflexión delante de ti y tomar la decisión de avanzar en una dirección u otra.

Puedes reconocer la aventura de tu propia vida.

Puedes hacer que tu vida brille con fuerza.

Puedes vivir una vida radicalmente inspirada.

Todo empieza hoy.

Éste es tu momento.

Hoy es tu día.

Vive con inspiración.

AGRADECIMIENTOS

Yo sola no puedo cambiar el mundo. Pero puedo lanzar una piedra al agua para crear innumerables ondas.

—*Madre Teresa*

A veces no pasamos a la acción, ni intentamos crecer ni nos arriesgamos porque creemos que una llamada telefónica, una conversación o una persona no pueden marcar la diferencia.

De hecho, no creemos que podamos cambiar nuestro mundo, no digamos ya cambiar el mundo.

Después de leer *A POR TODAS*, ya sabrás que uno de los héroes de mi vida es Jack Buck, uno de los locutores del Salón de la Fama.

No cabe duda de que su vida cambió la mía.

Pero recuerda por qué Jack Buck terminó visitándome en el hospital.

Una amiga de la familia, Colleen Schoendienst, llamó a su padre, Red, para contarle que se había producido un incendio en la comunidad. Le pidió que rezara por mí. Aquella misma noche, Red asistió a un acto para recolectar fondos y se sentó al lado de su amigo Jack Buck. Le habló de la conversación que había tenido con su hija.

Al día siguiente Jack me visitó. La oscuridad y el dolor fueron reemplazados por la luz y la esperanza.

Mi vida cambió.

Una llamada telefónica. Un comentario. Una visita.

Evidentemente, son muchas las personas que me han cambiado la vida. Es imposible agradecérselo a todas ellas.

Por tanto, muchísimas gracias a todas las Colleens, Reds y Jacks. A mis compañeros de clase, de trabajo y a mis amigos. Cada uno de vosotros, cada uno de nosotros, cambiamos el mundo.

Sería una negligencia por mi parte no dar las gracias a toda mi maravillosa familia. A mis padres, Susan y Denny, a mis hermanos, Jim, Cadey, Amy, Susan y Laura: vosotros me disteis la vida y me la salvasteis. Vosotros sois los que llenasteis mis primeros recuerdos con alegría, fe y risas. Y vosotros sois los que continuáis animándome y queriéndome.

A mi hermosa mujer, Beth. Llenas mis días de más alegría de la que creía posible. Me siento bendecido por la oportunidad de conocerte, amarte y criar mis hijos contigo. Cada día estoy más enamorado de ti. Y a mis hijos: Jack, Patrick, Henry y Grace. Tanto a vuestra madre como a mí nos hacéis muy felices y estamos orgullosos de vosotros. No podemos expresar lo mucho que os queremos.

Y, finalmente, debo expresar mi agradecimiento a mi equipo editorial. ¡Guau! *A POR TODAS* era un sueño que me llevaba persiguiendo desde hace nueve años. Sin en este equipo de ensueño no habría sido posible. Os estaré eternamente agradecido por vuestra orientación.

A Michael Palgon, mi sincero agente de Nueva York, que trabajó con dedicación durante tres años, animando a un chico del medio oeste a que buceara más en su interior para «sacar la historia» a la superficie. Tu visión para mantener una voz original, impactar al lector y navegar por las tempestades del mundo editorial ha sido muy valiosa. Gracias.

A Cindy DiTiberio, mi editora y copiloto. Escribir un libro puede ser un proceso agotador y solitario. Me alegro de haber compartido contigo los desafíos, las historias que hemos desempolvado y los arcos argumentales que hemos descubierto. *A POR TODAS* no existiría sin tu dedicación.

A la brillante editora Michele Martin; al perseverante Michelle Howry y a todo el equipo de North Star Way, de Simon & Schuster. Vuestro convencimiento de que *A POR TODAS* podría llegar a muchos lectores desde el primer día es lo que me animó a seguir adelante con el proyecto. Gracias por vuestro apoyo incondicional, extraordinaria visión y pasión por el trabajo que realizáis.

No sólo tengo el mejor trabajo del mundo, sino también el mejor equipo que lo hace posible. De modo que debo agradecer especialmente al apasionado equipo de JohnOlearyInspires.com, sin olvidar a Deanna McClintock Lester, Abby Richter, Molly Frank y Sandy Montgomery. Gracias a vosotros y a nuestros mentores, clientes, socios, puedo animar a los demás a vivir una vida inspirada. Al compartir vuestra sabiduría, apoyo y tiempo, habéis dejado huella en infinidad de vidas, incluyendo la mía.

Y, finalmente, a ti, lector. Cuando empecé a escribir este libro, tenía la esperanza de poder compartir las lecciones que me habían impactado de un modo más dramático y positivo y que me habían animado a llevar una vida radicalmente inspirada. Ésta es una invitación para que tú hagas lo mismo.

Espero que descubras el impacto que tiene tu vida y encuentres la inspiración.

MI VIAJE A POR TODAS

La familia O'Leary en la primavera de 1980. De izquierda a derecha: Jim, Amy, Susan, John, la pequeña Susan, Denny y Cadey.

IZQUIERDA: El bidón de gasolina explotó el 17 de enero de 1987.

DERECHA: Los daños provocados por el incendio en el garaje de la familia O'Leary.

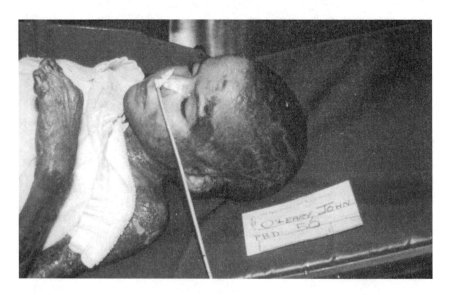

John poco después del incendio. Tenía quemaduras en el 100 por 100 de su cuerpo y ninguna posibilidad de sobrevivir.

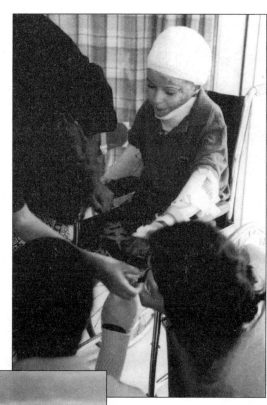

John recibiendo fisioterapia.

John y su hermano mayor,
Jim, quien le salvó la vida,
durante unas vacaciones
en la montaña el verano
posterior al incendio.

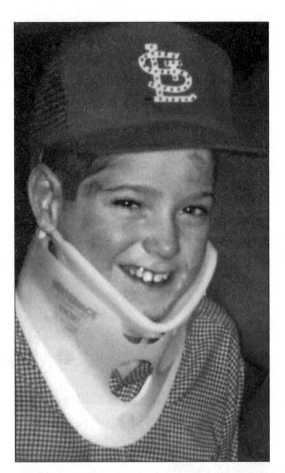

John sonriendo durante la celebración del Día de John O'Leary en el estadio Busch.

Jack Buck alentó a John a que volviera a aprender a escribir enviándole pelotas de béisbol firmadas por los jugadores de los Saint Louis Cardinals.

SUPERIOR IZQUIERDA: John obtuvo el título de Administración y Finanzas y en Tecnología de la Información en la John Cook School of Business, Universidad de San Luis.

SUPERIOR DERECHA: Jack Buck asistió a la graduación de John.

DERECHA: Jack Buck le regaló a John la Pelota de Cristal del Salón de la Fama como regalo de graduación.

John se casó con Beth Hittler el 22 de noviembre de 2003.

John, Jim, Susan, Denny, Laura, Cadey, Amy y Susan O'Leary de vacaciones en Florida con sus respectivas familias, en el verano de 2015.

Un cliente de John, Alabama Power, propició el reencuentro entre el «enfermero Roy» y John en 2011.

John habla frente a más de 50.000 personas al año.

John con su mujer, Beth, y sus hijos Jack, Patrick, Henry y Grace O'Leary en 2014.

ÍNDICE